FOR BEGINNERS フォー・ビギナーズ100

ユダヤ教

文・イラスト●チャーレス・スズラックマン
訳●中道久純

イラスト版オリジナル

現代書館

ユダヤ教＊目次

本書
の
内容概略
まず、
歴史を少し……

注・本書で聖書とは旧約聖書のことである。

注・イスラエルとは、

①民族名としては、旧約聖書に見えるヤコブとその後裔たる12部族の総称。

②王国名としては、ヘブライ王国が北のイスラエル王国と南のユダ王国に分裂した時の王国名。

③共和国名としては、1948年ユダヤ人によって建国された共和国名。

ユダヤ民族：
アブラハムから解放まで

ユダヤ教の伝承によると、イスラエルの歴史は一人の男によって始まった。アブラハムだ。彼は、カルデアの逆境にいるにもかかわらず、一神教の原則を唱えた最初の人間だ（紀元前1700年頃）。

星には何の力もない
唯一の神があるだけ。天と地の創造主だ
神は正義だ。神は罪なき者を罪びととしたりはしない
星?
!
!
!

ユダヤ教の伝承によると、神はアブラハムと特別の取り決めをした。

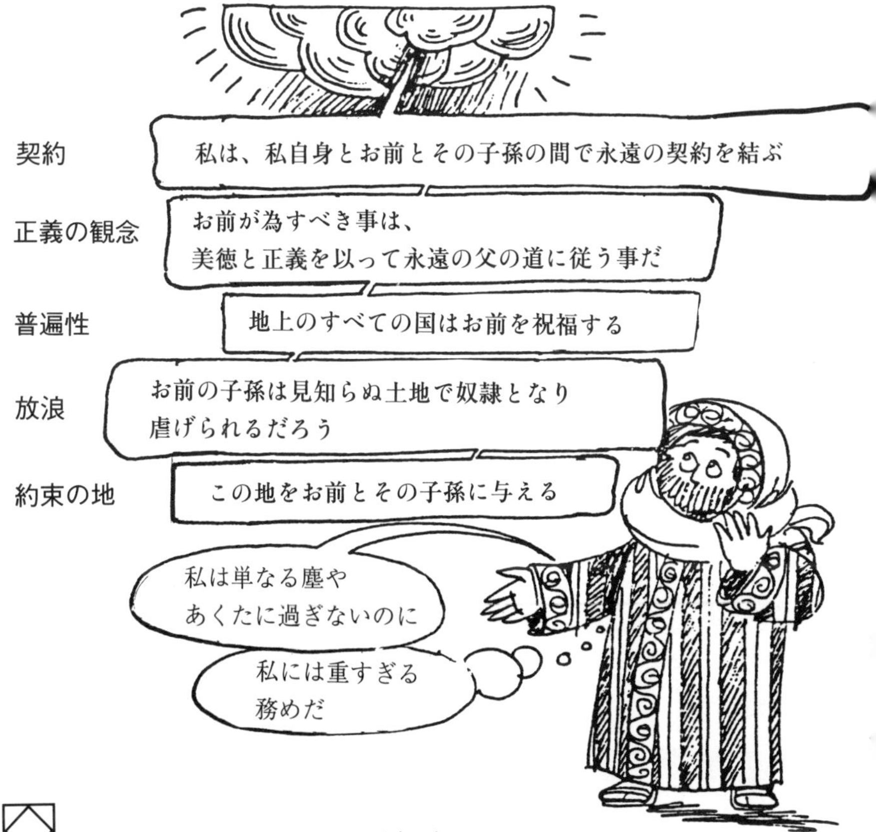
契約
私は、私自身とお前とその子孫の間で永遠の契約を結ぶ
正義の観念
お前が為すべき事は、
美徳と正義を以って永遠の父の道に従う事だ
普遍性
地上のすべての国はお前を祝福する
放浪
お前の子孫は見知らぬ土地で奴隷となり
虐げられるだろう
約束の地
この地をお前とその子孫に与える
私は単なる塵や
あくたに過ぎないのに
私には重すぎる
務めだ

アブラハムには二人の息子がいた。

一人はサラから生まれ、もう一人はハガルから生まれた。

イサク　そして　イシュマエル - アラブ人の先祖

約束の地で生まれた

相続争い

ユダヤ人の血筋

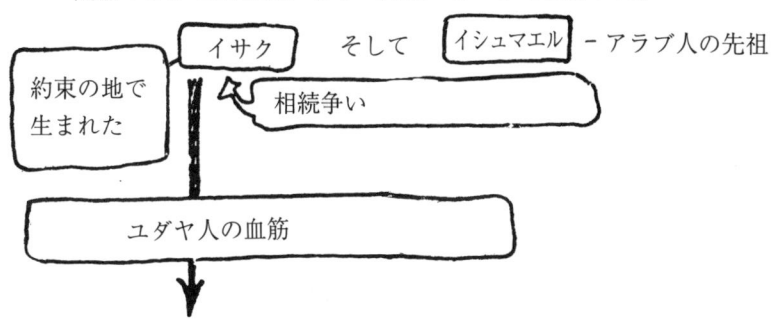

イサクにはリベカから生まれた二人の息子がいた。

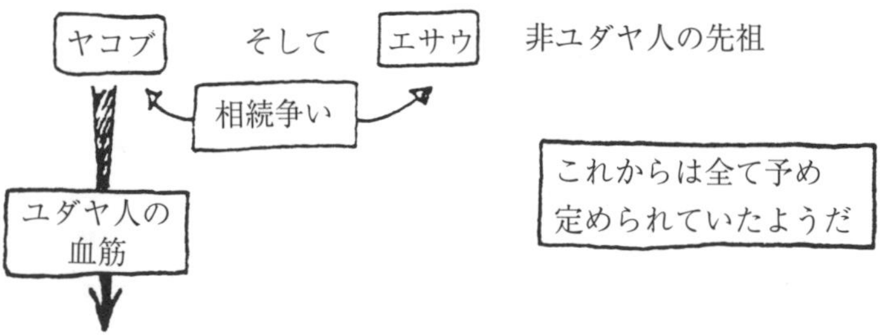

ヤコブの12人の息子たち（ラケルとレアの子供）がイスラエル12部族の先祖となった。

ユダヤ民族は飢饉によりエジプトに移住した。最初は、生活は極めてうまくいっていたが、一連の政治的変動に地位を奪われた。奴隷にされ、すぐさまユダヤ人は絶滅の危機に瀕する。

しかし神はユダヤ人を見捨てなかった。

モーセに導かれ、ヘブライ人はファラオの宮廷に行く。そして数々の奇跡に助けられエジプトを出発する。

これが**エクソダス**（出エジプト）である（紀元前1500年頃）。これは、ユダヤ人が歴史に登場する最初の事件である。

神は見捨てられた奴隷を救うために、奇跡によって出来事の成り行きを変えられた
エジプトからのエクソダス（退去）は過越(すぎこし)の祭として、記憶にとどめられている。
このようにして、神は歴史に驚くべき影響を与えた
歴史だって？　歴史とは階級闘争の歴史に過ぎない
違う！
我々敬虔なユダヤ人にとって、歴史とは純粋に神の計画の結果なのだ

エジプトからの逃避行の後、モーセはユダヤ人をシナイ山の麓《ふもと》の砂漠へと導く。

私は主、お前の神、エジプトからお前たちを連れ出した
契約の最初の言葉から、神は歴史の創造主であり、自らの被造物に絶え間なく介入する
シナイ山での啓示は神の本質の啓示（それは人間の理解を超えている）ではなく、神のトーラ（52ページ参照）の啓示なのだ

40年間砂漠をさまよった後ユダヤ人は約束の地に到達し、その地を征服する。最初は連邦国家を樹立したが、後に王国になった。その最盛期はソロモン王の統治である（紀元前961年頃～前922年頃）。ソロモン王によりエルサレムに最初の神殿が建設され、「神ご自身が神殿に現れる」と言われた。

しかしソロモンの死後、王国は分裂する（紀元前933年）。旧王国から二つの敵対する王国が現れる。

二つの王国は徐々にトーラの教えを捨て、代わりに偶像崇拝を好み、堕落していった。彼らはたびたび戦争を行い、それらの相手を破壊するまで続けた（それがイスラエル王国の最後であり、ユダ王国は一時的に滅びた）。

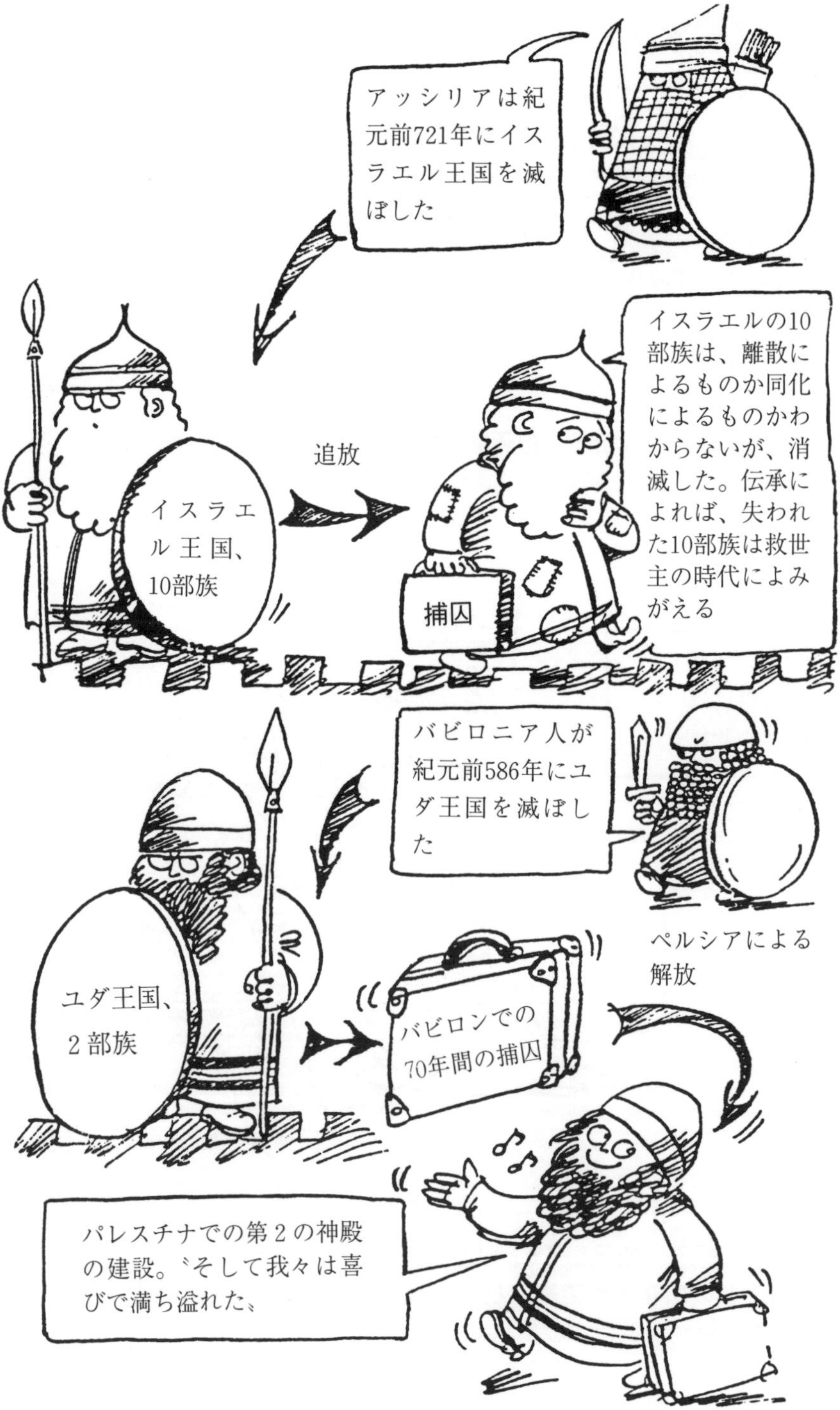
アッシリアは紀元前721年にイスラエル王国を滅ぼした
イスラエル王国、10部族
追放
捕囚
イスラエルの10部族は、離散によるものか同化によるものかわからないが、消滅した。伝承によれば、失われた10部族は救世主の時代によみがえる
バビロニア人が紀元前586年にユダ王国を滅ぼした
ユダ王国、２部族
バビロンでの70年間の捕囚
ペルシアによる解放
パレスチナでの第２の神殿の建設。〝そして我々は喜びで満ち溢れた〟

この時代（分裂、破壊、そしてユダ王国の再興の時代）は、神から直接に霊感を得る**偉大な預言者たちの時代**であった。預言者は単なる神の道具ではないが、同時代人に彼らが不正なやり方を続けた場合に起こる恐ろしい災害を警告するという、特殊な役割を負っていた。

警告する。40日のあとにニネベは破壊されるだろう
?
!
?
ついにニネベの王はこう言った。
よこしまなやり方を改めなさい
おそらく神は我々の悔い改めを見て寛大になられる
〝そして神はよこしまな行いが改まったのを見て、心を和らげた〟
結論：よき預言者とは間違える預言者である。

預言者は、**トーラ**（律法）の理想への絶対的な服従を説いた。それは、儀式をとり行うだけでは足りない。神は、社会正義と結びついた最高の道徳的基準を人間関係においても要求している。

さあ聞きなさい、自分の店を開きたくて安息日が終わるのを待ちきれないと言う者たち
貧乏人を搾取する者たち
万能の神はこうおっしゃっている。〝イスラエルは追放されよ！〟
警察を呼んでくれ！

ユダヤ人の王国の滅亡が預言されたのちに、預言者たちはイスラエルの再生、救世主の時代の夜明け、正義の時代、そしてすべての人類にとっての永遠の平和についてのビジョンを語った。

〝そして国は、他の国に対して武器を取らない……〟

◇ バビロン捕囚からの解放ののち（紀元前536年）、ユダヤ人はエルサレムの神殿を再建し、ギリシアとシリアからの独立を回復し、ユダ王国を再建した。しかし、激しい抵抗にもかかわらず、最終的にユダ王国はローマ帝国の力に屈服した（最後の反乱＝135年）。

占領勢力との紛争はいつも政治的独立を目指していたわけではなかった。占領勢力はしばしば宗教活動を禁止し、それが抵抗と激しい憎しみを呼び起こした。

ユダヤ人の世界は幾度も変遷を遂げたが、それにより今日のユダヤ教のあり方が決定された。

ユダヤ人は2000年間**主権を失い**、**ばらばらの国家になった**。

〝もし私がエルサレムを忘れる事があれば、私の右手はなえよ〟

実際、離散のプロセスは以前から始まっていたのだが、多くの人々は自らの意思で移民となっていた。とはいえ、ローマの占領によって、パレスチナのユダヤ人は徐々に減り、ほんの少数が残るのみとなった。

パリサイ派とサドカイ派

神殿が破壊される以前、エルサレムでは二つの勢力が争っていた。

互いに

……少なくとも！

サドカイ派　　　　とパリサイ派

神はモーセに二つの法を与えた。書かれた法(聖書)と語られた法
待て待て、書かれた法のみが正しい！
いや違う！　実際の場面に適用するには曖昧すぎる。語られた法を用いるべきだ。それは書かれた法の注釈である
お前の魂についての考えは？
魂は不滅だ
そんなことは聖書には書かれていない
しかし口伝の法にはそう述べられている

サドカイ派

神殿にいる僧侶たち。しかし極端に不人気で、神殿とともに消え去った。

パリサイ派

民衆に近い。パリサイ派こそが今日我々が知っているユダヤ教を形作った：
——ラビの重要な役割は教師そして**トーラ**（律法）の解釈者であること。
——**シナゴーク**（教会堂）の重要性はトーラを教える場所であること。

神殿の破壊により、ユダヤ民族は離散したが、パリサイ派のユダヤ教はこの新しい条件に適合した。

タルムードの誕生

בבא קמא
מן
תלמוד בבלי
עם פרש"י ותוספות ופסקי תוספות ורבינו אשר ופסקי הרא"ש
ופירוש המשניות מהרמב"ם ז"ל
באמשטרדם
בבית ובדפוס

口伝の法を書き記すことは禁じられていた。しかし、ユダヤ人の離散に直面し、３世紀にパレスチナのラビたちは、最高位のラビ、ユダの指揮により一部を書き記すことにした。この最初の作品は**ミシュナ**（口伝律法）と呼ばれる（60ページ参照）。

ミシュナは、**ゲマラ**とよばれる注釈の集まりを生み出すことになった。

この二つ（ミシュナとゲマラ）は集められ、新たに名前を与えられた。

タルムード（教え）である。

それはその後のユダヤ人の生活の基礎となった。

賢者はなんと言っているのか？

大離散（18世紀まで続く）。各時代ごとに、大規模なユダヤ人居住地が出現し、それは迫害の度合いによって各地を移動した。

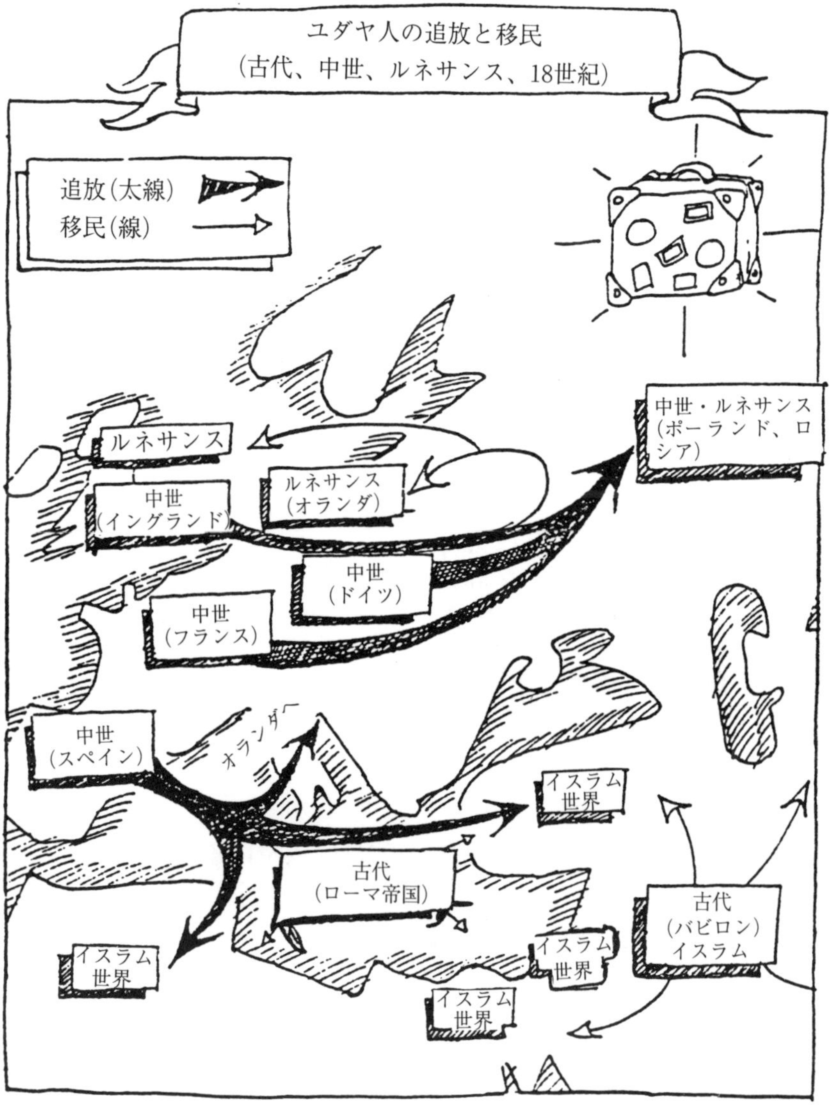

古代における二大中心：ローマ帝国とバビロニア

好ましい条件……
――バビロニアではユダヤ人はほぼ完全な政治的・宗教的自治を享受しており、知的活動が盛んであった（タルムードの注釈はこの時期に書かれた）。
――ローマ帝国の支配下ではユダヤ人は市民権を与えられ、社会の代表となっていた。ユダヤ教の実践は非常に強い支持を受け、知識階級からの反対にもかかわらず多くの改宗者がいた。

ユダヤ人の生活方式は、居住外国人としての彼らの地位とは相容れない
ユダヤ人は無神論者だと証明できる。彼らは我々の神々をあがめる事を拒否している

この環境は、キリスト教が勝利するにつれて徐々に変わってきた。

キリスト教の地におけるユダヤ人たち

一般的に〝十字架の影〟において、ユダヤ人は最も悲劇的な運命にさらされた（中世における根絶、スペインからの追放、1939年から45年にかけての虐殺）。
〝憎悪の教義〟の根底にあるのは、伝統をめぐっての紛争である。

このイデオロギー的な相克は、ユダヤ人のキリスト教への改宗により激しくなり、キリスト教会が制限を課すにまでに到る。

まず、ユダヤ人は社会的にも地理的にも隔離されなければならない
ユダヤ人とキリスト教徒が一緒に暮らすことは禁止されている（1179年の教会会議）
この教令によりユダヤ人居住区あるいはゲットーが形成される。
今後ユダヤ人は衣服に決められたシンボルを付けなければならない
ついには、経済的にも！
今後、ユダヤ人は土地を所有することを認められない！
よし、みんな、商売の利益を追求しよう
そして、我々独自の芸術と工芸も

今後キリスト教徒が金貸し業を営む事は禁止する(教会勅令、1179年)
それはユダヤ人がやる事だ……
うーむ、我々の暮らしの手段に残されたのは金貸しだけか……
スペインのいとこから金を借りられる。これを金貸し業の資金にできる
僕はエジプトに金持ちのおじさんがいる
このようにしてヨーロッパのユダヤ人のイメージは作られていった。
ユダヤ人たちは金を愛している
そして奴らはけちだ
そして集合的無意識の中にある役割を植えつけた：スケープゴートである。

ユダヤ人たちはキリスト教社会から許された範囲で存在した。そこで彼らはそこそこ成功を収めた。少なくとも十字軍の時代まで、彼らは商業・銀行業の発展に大きな役割を果たした。この社会的適合はユダヤ人社会も熱心に促進した。

街の中に住んだほうがいい。トーラは義務教育のシステムを作るよう命じている
我々は一緒に住むべきだ。〝共同の礼拝は個人の礼拝に勝る〟から
金は、窮地に陥ったときに持ち運べる唯一の財産だ！
バイオリンも持ち運ぶのは簡単だよ

十字軍は反ユダヤ人的な暴力を増長させた
（第１回十字軍：1069年）

キリストの眼から見てイスラム教徒より何千倍も罪深い異端者の集団が我々の中にいるのに、なぜ地の果てまで行かなければならないのか？
十字軍は交易のルートを切り開いた。もはやユダヤ人商人は必要ないぞ

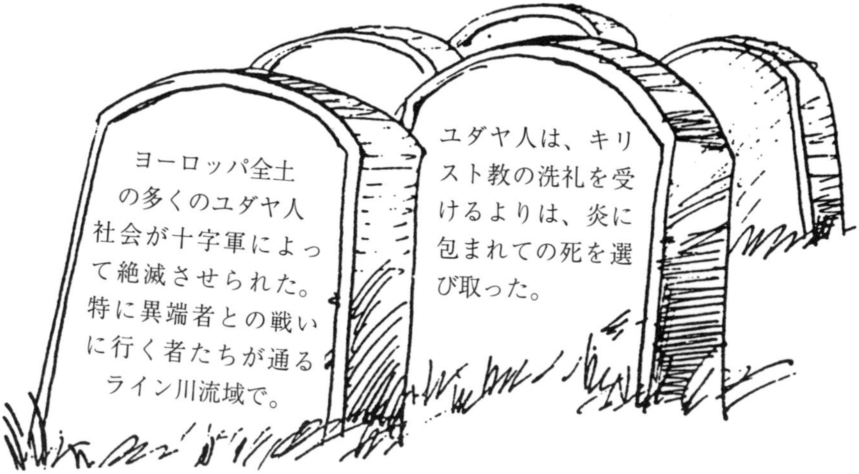
ヨーロッパ全土の多くのユダヤ人社会が十字軍によって絶滅させられた。特に異端者との戦いに行く者たちが通るライン川流域で。
ユダヤ人は、キリスト教の洗礼を受けるよりは、炎に包まれての死を選び取った。

結論

虐殺と制限的政策の後、西ヨーロッパ諸国はユダヤ人社会を追放した。

イギリスからの追放：1290年　　ドイツからの追放：1350-60年

フランスからの追放：1394年　　スペインからの追放：1492年

致命的な暴力は、しばしば低い階層の聖職者、地方の有力者、下層民の暴徒などによって行われた。より高位の権力者たちは、暴力を和らげる役割をみせた：

——ユダヤ人は教皇領へ避難することが認められた。

——ローマ教会は〝証人の国家〟という理論を発展させた。

もしユダヤ人が神の恩寵を失ったのならば、それはキリストを認めなかったために神から罰せられているのだ
神はユダヤ人が絶滅させられる事を望んではいない。しかしユダヤ人は〝自らの過ちを証明するために〟地をさまよう事になる

スペイン　黄金のスペイン・ユダヤ時代

イスラムの支配下において、ユダヤ人たちは幸運な時代を享受していた。キリスト教徒の「レコンキスタ」が開始されるまで、ユダヤ人は自らの地位を保っていた。これはスペイン・ユダヤ時代であり、聖書の秘教的な注釈であるカバラの発展をみた。13世紀スペインのユダヤ人モーゼス・デ・レオンは重要なカバラの書『ゾーハル』を出版した。虐殺と追放の時代において、彼はユダヤ人共同体に最終的な解放をかいまみせることで、いささかの慰めを与えた事になる。

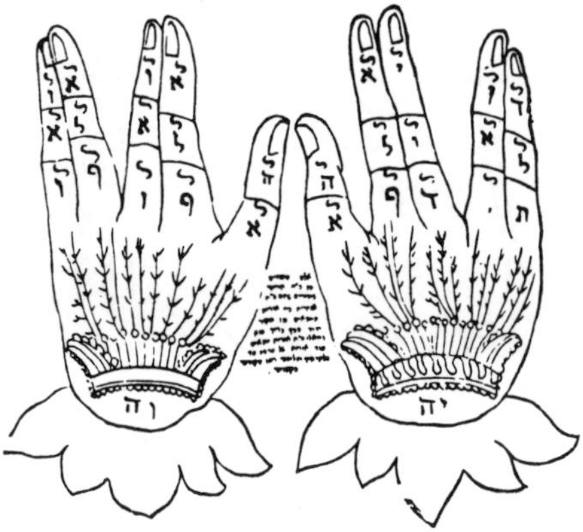

しかしキリスト教徒のレコンキスタにより……

ムーア人をやっつけたぞ。もうユダヤ人の機嫌をとる事もない
奴らに洗礼を受けさせる絶好のときだ！　進んでだろうと、力ずくだろうと
我々のドイツの兄弟たちは洗礼より火あぶりを選んだ。しかし我々は洗礼を受け入れるべきだ

そのとおり、表向きは受け入れよう。そして内密に先祖の宗教の信仰行為を続けていこう
マラーノ(隠れユダヤ教徒)

洗礼を受け入れる事で、ユダヤ人は自らの命を救い、もとの社会的地位に戻ることさえできた(1484年には、ユダヤ人がスペインの財務大臣になった)。

ユダヤ人差別が起こり、追放(1492年)が始まった。

ユダヤ人たちは表向きキリスト教徒だが、家の中ではまだユダヤ教徒だ！
神聖な異端審問がユダヤ人を根絶やしにするだろう！
奴らを燃やせ！　ユダヤ人を燃やせ！
真のキリスト教徒は純血を証明しなければならない！

異端審問で約3分の1（約30万人）のマラーノが火あぶりの刑にされた。そして1492年、ユダヤ人はスペインから追放された。

黄金時代から暗黒時代へ：ポーランドとロシア

西ヨーロッパ諸国で迫害されていたユダヤ人たちは、商業と金融を興そうとしたポーランド王の招きに応じて、移住した。最初は、市民的・宗教的自由を享受し、物質的繁栄を手に入れた。しかしポーランドの独立が失われるにつれて、再びユダヤ人はスケープゴートの役割を負わせられることとなった。

繁栄していた共同体に、苦しみのときがやってきた。
——貧困への転落。
——国家と人民、そしてロシア正教とポーランドカトリック教会の僧侶たちによって行われた、それまでなかったほどの反ユダヤ主義の高揚。

ポグロム……ユダヤ人に対する集団的襲撃・虐殺。

この暗黒の時代に、ロシア・ポーランドのユダヤ人の奥深くから新たな運動が生まれた。ハシディズム（敬虔主義）である。また、西ヨーロッパではユダヤ人は自分たちだけで小さな集落（シュテル）に住んでおり、宗教的（のちには政治的）生活は非常に熱心なものであった。このようなところから、ユダヤ教を刷新する運動が生まれてくる。

〝ハシディム（敬虔な人々）〟は正統ユダヤ教徒ではない
彼らはセクトでもない
彼らは宗教に喜びと踊りを与えた
彼らの関心は貧しい者と見捨てられた者
敬虔さを重視した
それは衒学的なタルムード学者の知的エリート主義への反抗だった
彼らは、それまでエリートの間だけで隠されていたカバラ*のテーマを、人々にわかりやすく説いた

ハシディズム*はとても大衆的人気のある運動になり、今日に到る。それは、権利を奪われた西ヨーロッパのユダヤ人大衆に困難なときの拠り所を与えた。

カバラ……ユダヤ教の秘密の教えを伝える口伝や伝承。
ハシディズム……カバラを大衆に伝える運動。

イスラム支配下のユダヤ人

イスラムの支配下でのユダヤ人の生活は、キリスト教の支配下にくらべてはるかに好ましいものだつた。しかし、狂信的行為の犠牲や抑圧的政策の対象になることもあった。

ユダヤ人とキリスト教徒は〝経典の民〟である。また、偉大な預言者であるアブラハム、モーセ、イエスそしてマホメットを崇拝している。
だから、ユダヤ人とキリスト教徒は保護されなくてはならない。
ということは：
——特別の居住区
——特別の衣服
——武装してはならない
——その他
もちろんこの保護手段は改善されうる。しかし少なくとも我々の法は明快である

〝ユダヤ人は憎まれるというより
軽蔑されていた〟(ポリアコフ)
ユダヤ人がしばしば外交官、医者、金融家となった中世スペインでは、
ユダヤ・アラブの共生が形成されることさえあった。

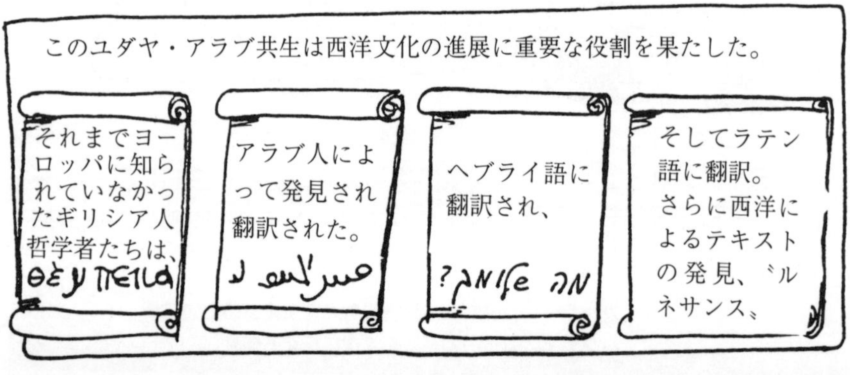
このユダヤ・アラブ共生は西洋文化の進展に重要な役割を果たした。
それまでヨーロッパに知られていなかったギリシア人哲学者たちは、
アラブ人によって発見され翻訳された。
ヘブライ語に翻訳され、
そしてラテン語に翻訳。さらに西洋によるテキストの発見、〝ルネサンス〟

これがユダヤ・アラブ黄金時代であり、ユダヤ哲学の誕生をもたらした。

我々の信念は哲学的思弁によって是認する事ができる
とはいえ、いま流行のアリストテレス哲学は我々ユダヤ人に混乱をもたらす。
うむ、たった一つ為すべきことがある。「迷える者への手引」を書くことだ（マイモニデス）

〝シナゴーグの鷹〟と呼ばれたマイモニデスは、詳細なタルムードの注解『律法の再説』を著した偉大な学者でもある。

17世紀半ばまでユダヤ人世界は、メシア出現と聖地帰還運動にゆれた。
救世主は現れた！
聖なる地に向かおうではないか！
信じられない。ユダヤ人はみんな彼に従っているぞ
しかし、聖なる土地の支配者であったスルタンは、改宗か死かと迫り、メシアを自称したシャブタイ・ツヴィをイスラムに改宗させた。しかし、ユダヤ人たちに希望を抱かせたツヴィは改宗後も弟子を持ち、ユダヤ教のその後の発展にも影響を及ぼした。

アシュケナージとスファルディ

18世紀にはユダヤ人の世界には二つのはっきりと異なる文化が生まれた。

スファルディ
〝スペイン〟を意味する。この用語は地中海地域に住むユダヤ人を指す。

あなたはラディノ語を話す？それはスペインとアラブ系ユダヤ人特有の言葉

我々の祈りのメロディーは独特なんだよ。我々はオリエンタルな音楽が好きなんだ

クスクスって聞いたことある？

アシュケナージ
ドイツに居住したイディッシュ語を話すユダヤ人のことだったが、後には中・東欧のユダヤ人も指す。

君はイディッシュ語を話す？それはヘブライ語と中世ドイツ語の混合言語さ

ソウルフルなスラブ風メロディーが大好きなんだ

ゲフィルト・フィッシュって聞いたことある？

二つの異なる民族というわけでは決してない。
トーラは同じ。
一つの注釈書『整えられた食卓』*が16世紀からユダヤ教では受け入れられてきた。これは今日でも守られている。
知的交流は盛ん。
お互いの地域への移動も盛ん。

『整えられた食卓』……1555年、ヨセフ・カロによって書かれた注釈書

神と人間

神、宇宙の支配者。
人間、地上の支配者、神の選ばれたパートナー。

神は唯一である

ユダヤ人の誕生は一神教の考えと密接に結びついていた。ユダヤ教の伝承によると、アブラハムは一神教の原則を初めて公にした人間であり、最初のユダヤ人である。

神は唯一である
神は永遠で
全能である！
忘れてはならないのは……
神は目で見える形をとられることはなく、トーラの中での神の擬人化された姿（神の〝眼〟が見た……など）は純粋に形而上学的なことだ

しかし神とは何だろうか？？？

聖書はこの疑問に答えを与えはしない。
神の本質は
人間の**理解を超えている**とされる

神は卓越した存在である

神の名前を表すヘブライ語の四つの子音文字をどう発音するのかはわからない。

どのような形式であれ（絵画や彫像）、神を表象することはかたく禁じられており、そのような行為は偶像崇拝であるとされた。

注解は、なぜBible（聖書）がalphabet（アルファベット）の第２の文字Betで始まっているのか問うている。
なぜ神の唯一性のシンボルである第１の文字Alephから始まらないのか？
それへの回答の一つは次のようなものだ。
「Bet」の文字の形を見てみなさい。ב
（ヘブライ語は右から左に読む）

自らの上にあるものを知ろうとするな
Betの文字で開かれているのは前方のみ、すなわち
前に進め！
自らよりも以前のことを知ろうとするな
自らの下にあるものを知ろうとするな

このようにユダヤ教は行動の優先を宣言する。
ユダヤ教の書物に、神学的な議論よりも宗教的・道徳的な指針が書かれているゆえんだ。

神には、世界との関係を通してのみ近づきうる。

神は抽象的な原理ではない。神は活発で積極的な存在で、独自の人格を持っている。
神は何をするのか？

神は宇宙の創造者であり、無から宇宙を造った。

神的な存在
ユダヤ教の伝承は認める
聖書はその瞬間から始まっている。〝神は最初に天と地を造られた〟
BIG BANG
無からの創造
神と物質は並行した存在であるというユダヤ教の理論は、神力は有限である、と仮定している。
それは被造物に常に介入する神の理論とは矛盾をきたす

◇ **なぜなら神は、自らの被造物に思いをめぐらし〝傍観〟することなどありえないからだ。**

神は常に介入する。そしてその介入は恣意的なものでなく、**道徳的な**意味を有している。

自然は盲目で自律的な力である。〝必然性はゆがめられない〟
運命とは矛盾の網の目だ
さあ、エウリピデスよ、お前は神によって起こされたのではない災害があるとでもいうのか？
自然は単なる神の道具に過ぎない

ユダヤ教では偶然も運命もない。神は正しい。〝神は罰し、報いる〟

ユダヤ教においては行動こそが最も重要である。

なぜなら……

宇宙には目的がある。
人間に自己を向上させ、人間自身の行動、徳と正義の実践によって、被造物を増やすという目的である。
ユダヤ教は信仰と行動の間の矛盾という原理に挑む。行動とは信仰の論理的帰結である。

〝本質とは思弁ではなくて行動だ〟
私がいつも言っている事だ！　世界を解釈するのではなく、世界を変革することが肝心なのだ
そのとおり。しかし階級闘争によってではない
トーラの法を実践に移すことによってだ

このように、人間は中心的な役割を担う。
人間は神の特権的な伴侶である。

人間の二つの顔

〝人間〟という
ヘブライ語＝アダム
アダマー＝大地
人間は物質からできている：
〝お前は塵だった〟
アダメン＝私は(神に)似る
人間は神の姿に似せて造られた
しかし神は姿を持たないからイメージもない。〝神の姿〟とは、神が人間に不死の心的な閃光(魂)を吹き込んだということだ。
魂
それは、神と正義を見出す事を人間に促す魂だ
ユダヤ教の言うところでは、人間を突き動かすのは……
悪の本能
GRRR
GRRR
HIN
それは道徳的な意識を持つということであり、ユダヤ教では
善の本能
と呼ばれる。

しかし、善とは何だ？
また、悪とは何だ？
SZLAK MANN

ユダヤ教の伝承は**善と悪を明確に区別する。**

人間が善と正義の意志を持つとき、その**形は意識されない。**

この形は神によって定められる。

それは神の言葉の宝庫であり、道徳性を追求する人間の永遠の指針であるトーラに記されている。

法が刻まれた銘板は、永続性のシンボルである石でできている。
ユダヤ教では道徳の法は決して変わらない
シナイ山は砂漠にある。砂漠とは文明から遠く離れており、法はすべての人に平等に適用される
変わらなければならないのは人間のほうだ！

実際、ユダヤ教は人間のみによって作られた道徳に反対している。必然的に、そのような道徳は不完全なものになる。ある時間・場所の産物に過ぎない。

善行を為そうが悪行を為そうが……人間は自らの行為を通して救われるのではない。神を通して救われるのだ
神から信仰が湧き出てくる
人間は自由ではない
ルターよ！
それは違う、
ユダヤ教は同意しない
すべては全能者の手の中にあるのだ。全能者への恐れを除いては
なぜなら、人間は自由意志を与えられているからだ！
SZLAK MANN

人間は自由意志を与えられている。
トーラに記されているとおり、人間には善と悪を選ぶ能力が与えられている。

自由であるから、人はその**行動に責任**を負い、創造主の来る時まで、きちんと振る舞わねばならない。

それゆえ、〝結果に苦しむことなく自然の法を逸脱する〟ことは不可能なのだ。同じく、〝罰に苦しむことなく道徳規範を破る〟ことも不可能である。〝後者と同様、前者の場合でも懲罰は避けがたい〟(メイヤー・ワックスマン)
この考え方はユダヤ法の基礎である。

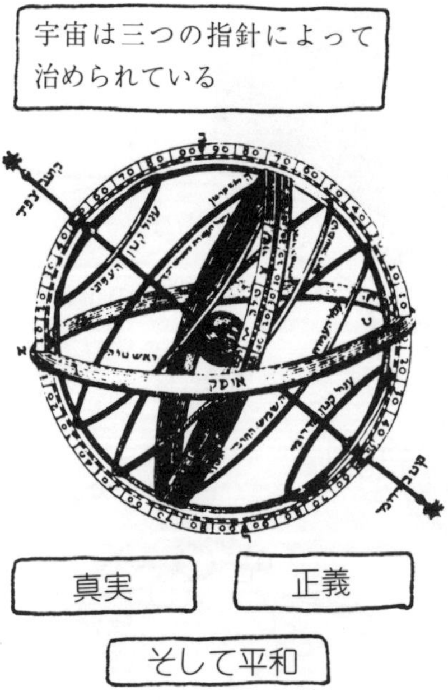

宇宙は三つの指針によって治められている
真実
正義
そして平和

正義を廃そうとすれば厳しい目にあうだろう。罰が慈悲によってやわらげられても、罪を犯した者の責任は残る

それゆえ、これらの価値を遵守することと、秩序ある世界は深く関わっている。

ユダヤ教の伝承によれば、**13歳のとき**に自由意志が与えられる。

この宗教的に成熟した段階に達すると、バール・ミツヴァの儀式で祝われる。そこでは少年は、今後守っていくべき聖書の言葉が記された聖句箱（テフィリン）を身につける（130ページの〝儀式〟を参照）。そしてトーラの一説を詠誦することを求められる。

人生の本質は、自らの悪への性向に対する絶望的な戦いであり、その戦いが終わることはない。

我々が住む世界は、より優った世界への回廊である。神の存在へと近づくために善行を行って準備せよ
ר עקיבא
אתים מכות"
מן שבכל מכה
שהביא הקב"ה

これが人間が天使より優れている理由だ
天使は実体を持たず、悪への性向から免れている。天使は善行をなすために自らの性質と戦う必要がない
?!
!
いや、しかし……
天使は自由意志を持たないからだ。天使に自由意志は必要がない。なぜなら天使は神の意志を実行するからだ
一方、人間は、悪と善のどちらかを選ぶのに、しばしば多大な努力をしなければならない。それゆえ、より賞賛に値する！

人間の善の能力が増せば、人間の悪の能力も増す。

◇ ユダヤ教は苦行を奨励しない。

極端な断食は罪だと考えられている
トーラによって課されている制限で十分である
それ以上の制限を求めようとするな！
!?

これは、人格を統御し、一般的な善のために働くという問題である。〝お前の二つの心で神を愛せ〟。

例えば……

悪の本能
善行へと変化させる
それをよこせ！
貧者への施しを集めているのです！

罰と報い

物質的な世界が厳密な法則にのっとっているのと同じく、道徳的世界もあらゆる行いは罰せられたり報われたりする。伝承によれば、神はユダヤ教の新年（ロシュ・ハシャナ）を、〝生きるものの魂〟が調べられ、〝すべての生きものが自分の過ちを思い知る日〟として定めたという。

物質的世界ではそのような報いは逃れる事ができない。しかし道徳的な世界では、**逸脱はすぐさま罰せられるわけではない。神は、罪びとが悔い改めて行いを正す事を期待している、もしくは願っている。**

悔い改め

ヘブライ語で、テシュヴァという言葉は「返す」(すなわち神に返す)ということ。それは良心を吟味することと、さらに、あらゆる罪に対する心からの悔恨から成る。

いかん！
ほんとうに申し訳ありません
申し訳なく思うだけでは不十分だ
1000

悔い改めと〝みなされ〟、神が〝正義の玉座から慈悲の玉座へ移動する〟ためには、**神の期待にそぐわないと思われる行動は、改められなければならない。**

伝承によれば、悔い改めに適した期間というものがある。それが「テシュヴァ(改悛)の10日間」である。新年の最初の日から始まり、10日目(ヨム・キプール、贖罪の日)に終わる。

その日は神への許しを請うためにショファール(傷のない雄羊の角笛)が鳴らされる。なぜなら、神は〝罪を憎んで人を憎まず〟だからである(115ページの〝新年〟を参照)。

しかし、テシュヴァは常に実践されなければならない。

死の前の日に悔い改めよ！
でも、いつ死ぬのかわからないよ
うーむ、
じゃあ毎日悔い改めよ

もし悔い改めが効果的ならば、
そして善行と悪行が適切に罰せられたり報われたりするならば
どうして不幸な〝善人〟と、幸せな〝悪人〟がいるの？

注釈書はこの問題を長々と議論している。

① この世界で起こる事は人間の理解を超えている。神の摂理の働きは、我々にはわからない。最後の審判において善き意志が勝利する事は確かである。

② 神は善人にさらなる試練を課している。それは〝愛の苦しみ〟であり、善人は無私の信仰を強くする。

③ 罰と報いはこの世界のみに適用されるものではない。
人間が死ねば、その魂は創造主の御前に行き、神の裁判所は秤で魂の重さを量る。報いと罰はその結果による。しかし、理想は無私で神に仕えることである。

トーラ

これはユダヤ教の神聖な書物であり、長い年月をかけて発展させられてきた一連の注解から成っている。

トーラという言葉そのものは同時に二つのことを意味している。

教え：すなわち世界と人間と歴史に関するユダヤ教の理解の説明。
導き：人間が他の人間および神との関係において行う原理の詳解。

人間がエデンの園から追放されると、善と悪は複雑に絡み合ってしまった
善
悪
そのため神は人間にトーラという贈り物を下さった
人間の永遠の導きとするために
TORAH

トーラは、神から、仲介者モーセに導かれてシナイ山のふもとに集まっていたユダヤ人に与えられた。それはエジプトからの脱出（エクソダス）から7週間程たったときのことである（紀元前1500年頃）。

神がモーセに与えたトーラには二つの種類がある。
書き記されたトーラと
口伝のトーラである。

ユダヤ人の伝承によれば、神は、すべての民族が学べるようにトーラを70の言語で表した。しかし、イスラエルの民のみが〝神の国のくびき〟を受け入れ、「我々はこの教えを実行し、理解するであろう」と宣言した。

書き記されたトーラ

これは聖書もしくはキリスト教徒にとっての〝旧約聖書〟である。ペンタトゥーク（モーセ５書）がその中心的内容を成し、次の二つの要素を有している。

——歴史（天地創造からモーセの死まで）
——十戒に記される道徳的法的規範

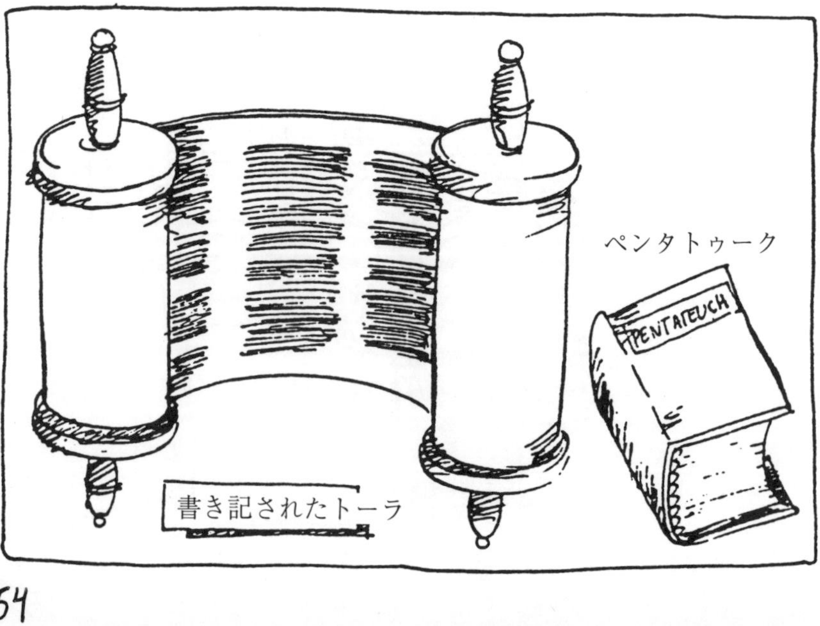

ペンタトゥーク(モーセ５書)は神自らがモーセに指示したもの。それゆえ、特に神聖なものである。各世代の律法学者はテキストを書き写す仕事を課されており、シナゴーグには少なくとも１部の写しがなければならない

シャバット(安息日)ごとに、公衆の前でペンタトゥークの巻物から１節が読み上げられる(安息日に関しては100ページを参照)。

トーラは神とイスラエルとの結婚契約であり、配偶者の相互の義務が定められている。

トーラの巻物は、人類とユダヤ人の歴史を想起させ、神の言葉が記されているため、特に崇拝され愛読されてきた。「トーラの喜び」を祝う祭りもある。**トーラと共に踊り、喜びを表すときだ。**

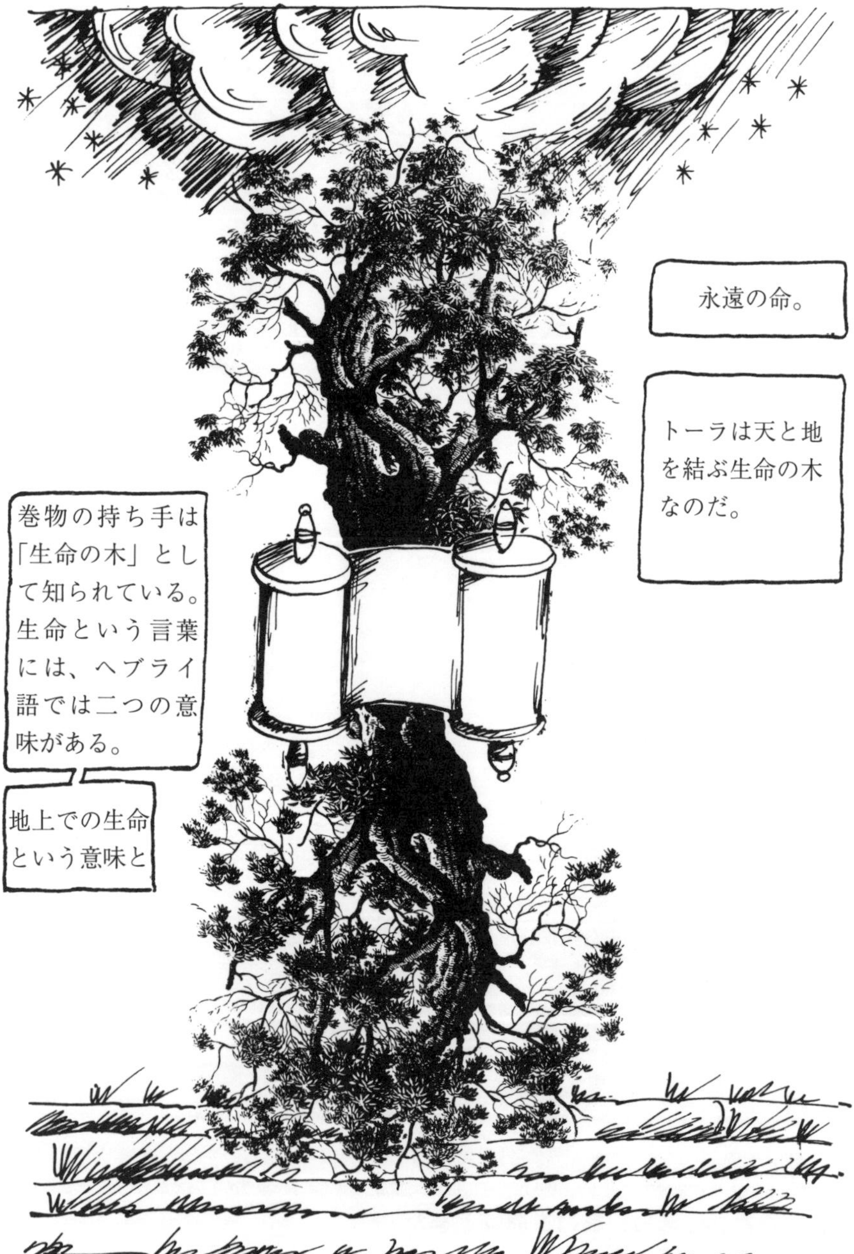
巻物の持ち手は「生命の木」として知られている。生命という言葉には、ヘブライ語では二つの意味がある。
地上での生命という意味と
永遠の命。
トーラは天と地を結ぶ生命の木なのだ。

しかし律法はあいまいで、しばしば一貫しないやり方で定められている。そのため書き記されたトーラのみでは十分な導きとはいえない。書かれたトーラの教えは、注解によって意味を明らかにされてこそ、具体的に適用できる。これが口伝のトーラの役目であり、モーセの時代から何世代にもわたり伝承されてきた。

書かれたトーラがユダヤ人、キリスト教徒、そして一部のイスラム教徒にも共通のものであるとすると、**口伝のトーラはユダヤ教徒独自のものである**。ユダヤ教は、**神の言葉を日常生活のあらゆる局面に実際に当てはめる**ことを強調する。口伝のトーラがこれを可能にするのだ。

例えば：
①　書かれたトーラ：〝子山羊をその母の乳で調理してはいけない〟
口伝のトーラでは、これは肉と乳製品を一緒に食べることを禁じているものと解釈されている。

②　書かれたトーラ：シャバットに〝働いてはいけない〟。
しかし〝働く〟とは何を指すのだろうか。口伝のトーラはシャバットに禁止されている39の活動を列挙している。

口伝のトーラ：ミシュナ、ゲマラ、タルムード

口伝でもなぜトーラと呼ばれるの？
教えをすべて書き記すのは禁じられているからだ
口伝の法を記録しないところが大切。常に変わり続ける現実の問題に対処するためのものだからね

しかし、パレスチナで3世紀に……

兄弟たちよ、これは深刻な事態だ！　我々の民族は地上の四隅に散り散りになってしまった
!
口伝の法は、別の場所では違ったように伝えられるかもしれないし、もっとひどいことには、忘れ去られるかもしれない

それに、口伝の法は新たな問題へ回答する賢者たちの新しい教えによって　ますます豊かなものになってきた
トーラはこの点、極めて明快だ。〝(賢者が話すとき)その知恵に迷ってはならない〟
だが、人間の記憶はそれほど集積できはしない。

情報！
我らの賢者は、どの解釈に従うべきか意見がばらばらだ
うーむ、ラビ・ユダ、我々の優れた師よ、どうしましょう？

口伝の法を書きとめよう！
でも、それは禁じられています！
次の世代のために我々のトーラを保存すべき時が来たのだ

このようにしてミシュナ(口伝律法)ができた。それはユダヤ教の法の教えを簡潔に説明したものであり、六つに分類されている。

農耕と祈り……
安息日と祭り……
家庭生活……
民法と刑法……
寺院での勤め……
清浄と不浄……

ミシュナの説明と分類の仕方は長い間、ラビたちの注釈のテーマとなってきた。それらは、ゲマラといわれている。

人は重い心で祈らねばならない！
それはどこに書いてあるの？
聖書は〝そしてハンナは泣きながら祈った〟と言っている
それがどうした？みんなが彼女のようでなければならないのか？

当時のユダヤ教の二大中心地、バビロニアとパレスチナにおいてこれらの議論は集められ、書き記された。

ミシュナ+ゲマラ=タルムード

バビロニア・タルムード（最重要）＝5世紀

エルサレム・タルムード＝4世紀

ユダヤ人はこういう
スタイルの建築が好
きなんだ

膨大な編集作業が完了すると、タルムードは離散民の精神的な拠り所となった。
そのためタルムードはユダヤ法（ヘブライ語で〝正しき道を歩く〟：ハラハー）の源となった。しかし、また……

歩く＝立ち止まらずたゆまず進化する

ハラハーは、タルムードが書かれたときには存在していなかったかもしれない新しい問題への応答であるとされている。

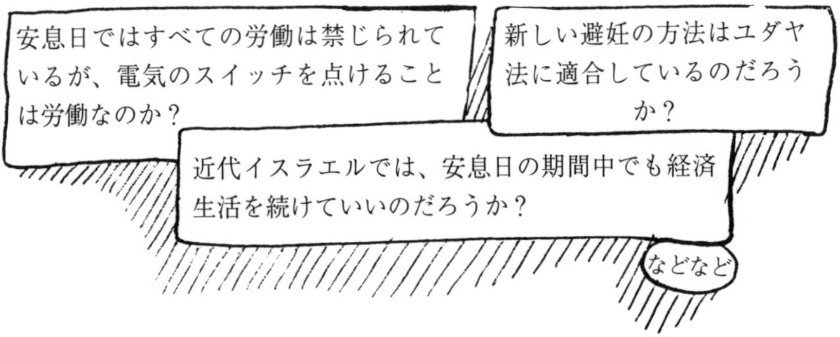
安息日ではすべての労働は禁じられているが、電気のスイッチを点けることは労働なのか？
新しい避妊の方法はユダヤ法に適合しているのだろうか？
近代イスラエルでは、安息日の期間中でも経済生活を続けていいのだろうか？
などなど

口伝の法は制定された法（ハラハー）であるだけでなく、物語風で道徳的要素も含んでいるハガダー（語り、もしくは神の〝物語〟）でもあった。

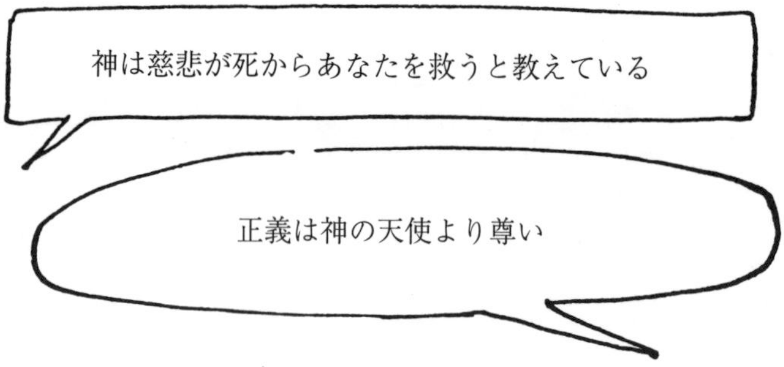
神は慈悲が死からあなたを救うと教えている
正義は神の天使より尊い

口伝のトーラ――ミドラシュ

ミドラシュはタルムードとともに存在している聖書注解である。（ミドラシュ：テキストを精読するという意味）

ミドラシュの一例

書かれたトーラ：〝神はアブラハムを外に連れ出し、見上げて星を数えよと言った〟

〝アブラハムを外に連れ出し〟＝神はアブラハムを世界の外に連れ出した。

〝見上げて星を数えよ〟＝上から星を見下ろしなさい。なぜなら星は原因によってすでに決定されており、お前のほうが優れている。

このようにして神はアブラハムに、ユダヤ人の運命は歴史によって決められるのではなく、神の手に握られているとお示しになった。

カバラ

これはトーラに関する秘教的な注釈であり、シナイ山での啓示の際に伝授された（カバラ＝伝承）。カバラに関する最も知られた著作は『ゾーハル』である（13世紀）。

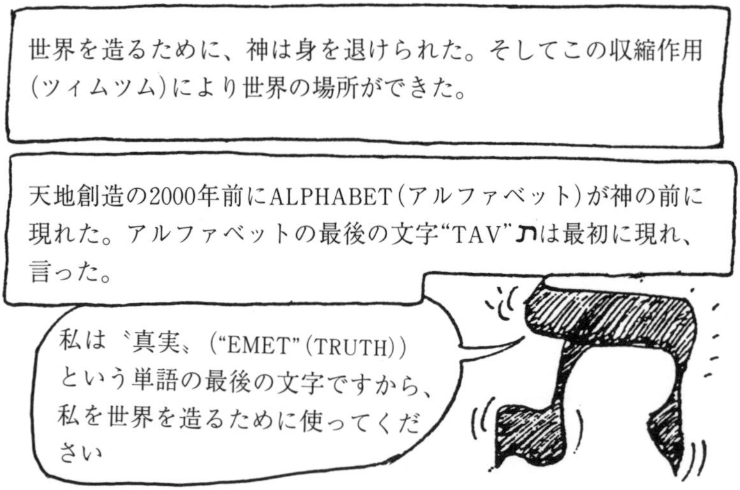

世界を造るために、神は身を退けられた。そしてこの収縮作用（ツィムツム）により世界の場所ができた。
天地創造の2000年前にALPHABET（アルファベット）が神の前に現れた。アルファベットの最後の文字“TAV”תは最初に現れ、言った。
私は〝真実〟（“EMET”(TRUTH)）という単語の最後の文字ですから、私を世界を造るために使ってください

〝矛盾〟の問題

トーラのテキストの矛盾に関するユダヤ的アプローチは、西洋精神を魅惑し続けてきた。

テキストを無効にするどころか、〝矛盾〟は解釈力を試す試練だとされた。
なぜならトーラのすべての言葉、すべての文字は重要である
そして神の言葉トーラは内的な矛盾を含み得ない

例えば：〝女は男に敵対しかつ助ける〟
助けるのか？　それとも敵対するのか？（答えは90ページ参照）

トーラの研究

伝承によれば、神の言葉トーラを研究することはユダヤ人の根本的な活動である。〝トーラの研究は神の掟を超越する〟。そのためユダヤ人世界は極めて洗練された研究制度を設立した。そこでは、聖書が非常に簡潔に説明される。

授業は1日中続き、夜にまで及ぶ
子供たちは夜まで勉強する
?!

ストライキ中の教授
もっと！
もっとだって！　そのとおり、もっとだ！　マイモニデス*は命じなかったか？
25人の生徒につき1人の先生
25人以上の生徒には1人のアシスタント
40人以上の生徒には2人の先生

マイモニデス(1135〜1204)……スペインのコルドバ生まれ。ユダヤ教神学の合理的体系を確立した哲学者・医師。

「学校のない町は破門される」（マイモニデス）

さあ、子供たち、仕事だ。第三の神殿を建てるんだ！
なんだと！
授業をそんなふうに妨害してはいかん。たとえ神殿を建てるためであってもな。我々の未来は子供の教育にかかっておるのだ！

初等教育システムの延長がイェシヴァ（宗教学校）であり、若者も老人も生涯にわたって勉強を続ける最高水準の学校である。

しかし、研究の義務は教育機関をはるかに超える。

トーラの研究はユダヤ人には必須である。

貧しくても
金持ちでも
皆さん、
小銭を恵んで
ください！
健康でも
病気でも
若くても
年寄りでも

（マイモニデス）

いつまで？

死ぬまで！

タルムードによる理念では、生活するに十分なだけ働けば、残りの時間は学習にあてるとされている。

何時間？

〝昼も夜も〟伝承によれば少なくとも昼に1時間、夜に30分

宗教学の義務化は世界中で進んでいるが、日々の学習はすべての人の義務である。

このようにして「経典の民」は能力主義をつくりあげた。その頂点に立つのがトーラの賢者である(少なくとも解放の日まで)。

トーラは王国を超えたものだ！
アナーキストめ！

ユダヤ人の**文化の愛好**（ことに解放後）と人類の文化遺産への大きな貢献は、この教えがもとになっていると考えられる。

ユダヤ人の社会と倫理

神がモーセに十戒（10の掟）
を与えたとき、**二つ**の石板にしるされた。

一つは**垂直の戒**であり、
神と人間の関係
を律する。

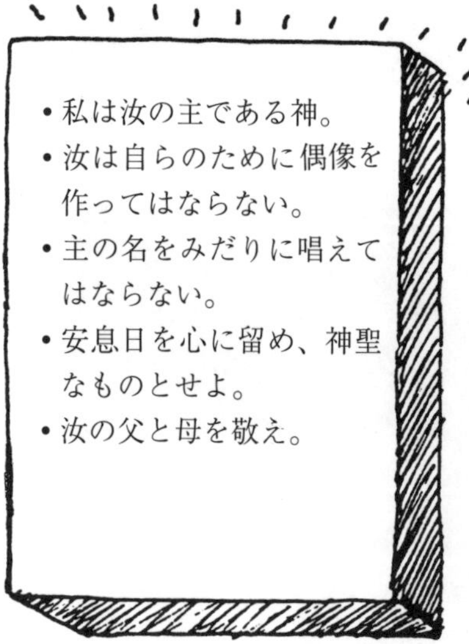

• 私は汝の主である神。
• 汝は自らのために偶像を作ってはならない。
• 主の名をみだりに唱えてはならない。
• 安息日を心に留め、神聖なものとせよ。
• 汝の父と母を敬え。

宗教的生活

もう一つは**水平の戒**で
人間同士の関係
を律する。

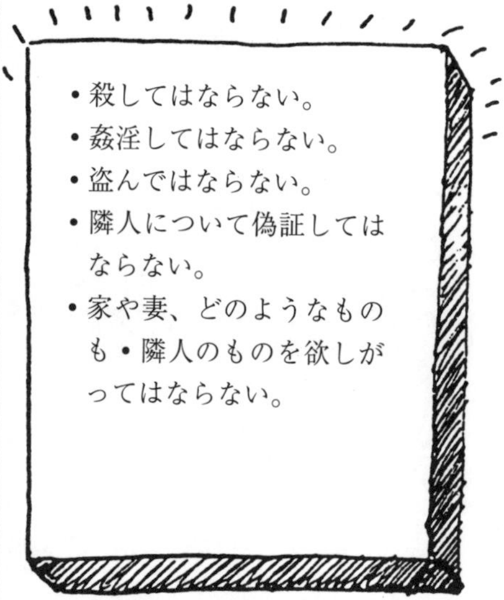

• 殺してはならない。
• 姦淫してはならない。
• 盗んではならない。
• 隣人について偽証してはならない。
• 家や妻、どのようなものも・隣人のものを欲しがってはならない。

社会的・道徳的生活

二つの石板は同時に与えられた。そして伝承によると

十戒は一つの言葉として表明された。

これはすなわちユダヤ教においては、宗教的側面が生活のすべてを包含するということである。宗教的行事だけでなく、社会的そして道徳的生活も含むのだ。

〝神の道を徳と正義によって歩め〟

そして

〝汝の隣人を愛せ〟：トーラの基本的原則の一つ

そして、また

〝正しいが善でない男〟をなんと呼べばいいか？神を喜ばせようとはするが、隣人には冷淡な男は？
今日は、俺のために何か仕事をしてくれるのかい、だんな？
無理だな。今日はお祈りのために休みだから

それゆえ、社会的かつ集団の生活は、ユダヤ人のしきたりには欠かせない部分なのだ。

隠者のような生活はユダヤ人の理想ではない！

「仕事を愛しなさい」

ユダヤ教では、仕事はそれ自体で価値を持つ。仕事は義務である。

エデンの園でさえ、神は人間に庭園を耕し世話をするよう命じた。

その結果にかかわらず……

神は富の唯一の源泉である。

（そのため金やその他なんであれ、**浪費すること**は禁じられている。）

そして、労働の尊厳がある……。

そのような考えは労働者に尊厳を
与えるものだ！

そのため、仕事に関する法制度が聖書時代から発展してきた。

例えば

奴隷の権利：奴隷制度そのものは聖書の時代には許されていたが、いくつかの規程により緩和された。

6年間もよく仕えてくれた。もうお前は自由の身だ。聖書には〝7年目には、奴隷は自由になる〟とあるから
しかし、ご主人様、私はあなたにお仕えしたいのですが
そうであるなら、お前は私の永遠の奴隷となる
お前の耳たぶに穴を開けねばならない

お前はちゃんと神の言葉に耳を傾けなかったから、私の奴隷だ！
お前は私の奴隷だ！
?!

労働者の権利

雇い主は労働者の賃金を取っておくことはできない。１日の労働分の賃金は夜に支払われなくてはならない！
その代わり、労働者は全力を尽くさなければならない
勤勉でないのは窃盗と同じだ

一般的にユダヤ教の伝承は、人間の尊厳を重視しているが、それは次の理論に基づいている。

神は真の支配者である。〝神に仕えるための奴隷〟は真の自由の達成を表している。それは次のように書かれている。〝トーラ（律法）のくびきを受け入れたものは、権力のくびきから自由になる〟

ユダヤ教と政治

ユダヤ教は伝統的に政治権力を信用していない。2600年の時を戻そう。

サムエル、我らが預言者よ。他の民族のように我々も王が欲しい！
なんと！　私を王として欲しくないのか!!
?!
しかし……
どうかしている！
王が欲しいだって？
しかし、その王はお前たちの息子に戦車を引かせるだろう
そしてお前たちの娘を食いものにするだろう
お前たちの穀物を取り上げるだろう
こいつを引っ捕らえろ！

ユダヤ教の伝承は、権力の健全な側面を評価している。

そうでなくては、都市に住む住人はお互いを引き裂いてしまうだろう。

そして良き市民とは

〝(お前たちが住んでいる)国の法律は守られなければならない!〟
神は我々の国の支配者に恵みをもたらす!

その国の法がユダヤ人にトーラを破る事を強制するとき
ユダヤ人の義務は、トーラを破るより死を選ぶ、自分たちを守る、もしくはその国を離れるということだ。

ツェダカー。一般的な翻訳は「チャリティ」であるが、それでは意味が広すぎる。こういう「チャリティ」は金がかかる!

正義のみが行われなければならないから
わが社は、小切手は受け取らない！
すべては、制度を維持するためだろう！

さあ、礼を言うんだ！
聖書には〝富める者が貧者によくするよりも、貧者は富める者によくする〟とある！
私に礼を言うんだ。君は良い行いをして……
気分が良いだろう！

神はすべての富を提供する。ユダヤ教の伝承によれば、もし神が一部の者により寛大であるならば、それは**人間に富を再配分する機会を与えるためである。**

それゆえツェダカーは施しではなく、貧者も含むすべての人の義務なのだ。その額は個人に任されているが、総収入の10%と決められている（もしくは収穫量の10分の１）。

ゲムリット・ハッサディム：慈愛の行為

ツェダカーより一層よい。

１、お金と同様に言葉でも可能

２、貧しい者のみならず、豊かな者にも

そうそう、人生は厳しい。インフレーションやら世界危機やらね
心配ありませんよ、ロスさん。すべてはうまくいきますよ
資本家におべっかをつかう！

３、生きる者のみならず、死者に対しても

死者は最後の安息の地まで伴われるべき。

ユダヤ法は福祉事業に関して詳細な教えをもっている。

病人を訪問する。
埋葬まで死者とともにいる。
利子なしの融資。
児童の教育。

このようにして、共同体社会は離散生活の厳しさをやわらげる制度を発展させた。福祉資金、融資、学校の資金など。

継続のためではなく、**独立**を目指すように与えられている考えである。（ヘブライ語で福祉を意味するゴメルは〝着る〟という意味もある）

質問です！
君はヨーロッパのユダヤ人プロレタリアートのなかに労働組合主義の起源を見出さないか？　そして社会主義運動の政治化した民衆参加のあり方の起源を？
そして、イスラエルの協同組合主義の起源を？

汝の隣人を愛せ

これらの教えはすべてトーラの次の原則に密接に関係している。

〝自らを愛するが如く隣人を愛せ〟

ユダヤ教はこの考えを行動に移すことに熱心であった。例えば：

ユダヤ教の伝承によると、**隣人に仕える事**によってのみ、彼（彼女）への愛を強くすることができる。親子の絆は、その関係を築くためにどれほど努力したかによって決まる。

さあ、これをお食べ
母さんは、そればっかり

謙虚さ

〝すべてにおいて中庸である事は偉大さへの道である。たった一つやりすぎてもよいのは謙虚さだけだ！〟（マイモニデス）
なぜアブラハムが神によってユダヤ人の父であるとされたのか？　それは彼が〝私は塵やあくたに過ぎない〟と言ったからだ。
なぜモーセがユダヤ人を導くために選ばれたのか？　なぜなら彼が最も謙虚な人間だったからだ

神の前のみならず人の前においても謙虚であること

人の悪口を言わない。

親切にもてなす。

隣人を憎まない。

◇ 平和を求める

国同士でも個人の間でも。

〝平和〟(シャローム)は神のミドル・ネームだ！
平和のために骨を折って働いたアロン(モーセの兄)のようでありなさい

◇ よそ者

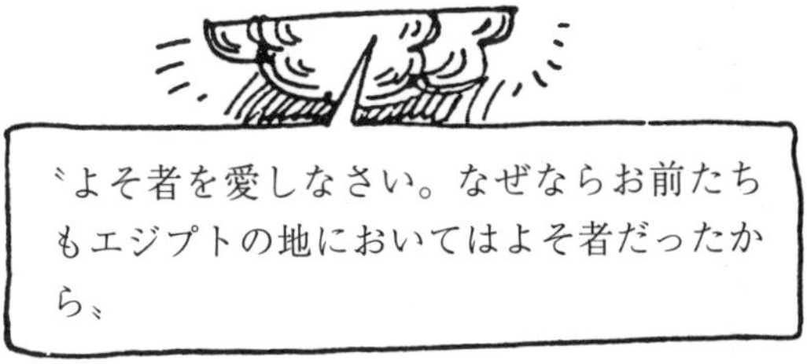
〝よそ者を愛しなさい。なぜならお前たちもエジプトの地においてはよそ者だったから〟

◇ 生命の重視

ユダヤ教徒にとって人間の生命は神聖なものである。人間は神の姿に似せて造られた。

死の危険が少しでもある場合、命を救うために教えを破ることは義務である（109ページ参照）。

待ちなさい！
ユダヤ教は自殺を禁じておる

それに、絶望もユダヤ教の伝承とは相容れないものだ！

結婚と家庭生活

カトリックの倫理において最も尊敬される人物は、独身主義者、すなわち完全な性的禁欲を実践する聖職者か修道女である。一方、ユダヤ教の理想は結婚と出産であり、いずれも人間の義務である。結婚は肉体の弱さゆえの妥協ではなく、夫と妻双方にとっての人間的充足への道である。

幸せな夫婦のためにお祝いしよう！
妻を持たない男は半分の人生しか生きていない！
独身生活は喜びなき人生！

聖書によるとユダヤ人は〝肉体の罪〟を大きな罪悪とみなさない。

リベカ、聞いたかい？ セックスは罪じゃないんだ？
それは結構ね。でもあなたが結婚していて、しかも決まった日にする時だけね
いてえ

子供を儲ける義務とは別に、夫婦の家庭生活はユダヤ人の生活の中心であり、シナゴーグより重要だ。〝家庭は神殿であり、食卓は祭壇である〟（タルムード）。家庭においてこそユダヤ人は隣人愛を実行しなければならない。なぜなら**隣人は配偶者であるから**。

夫婦

男女の同等：最初の人間は男と女であった。聖書には〝神は男と女を造った〟とある。

男と女の補完性。女を造るため、神は〝肋骨を１本〟とった。注解は〝体の片側〟と解している。

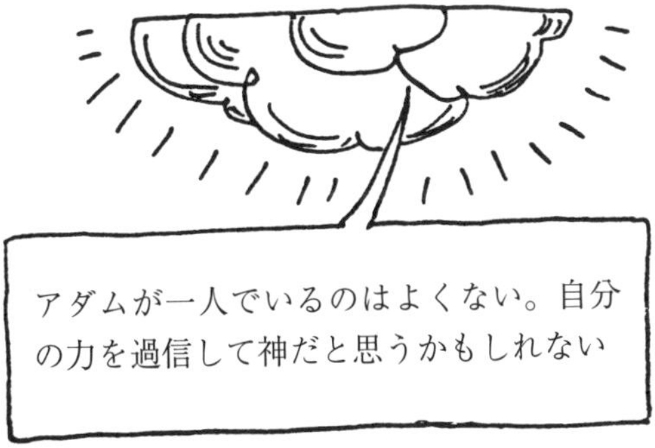
アダムが一人でいるのはよくない。自分の力を過信して神だと思うかもしれない

言い換えれば、女を造るときに、神は男性的な部分から女性らしさを分けたのだ。

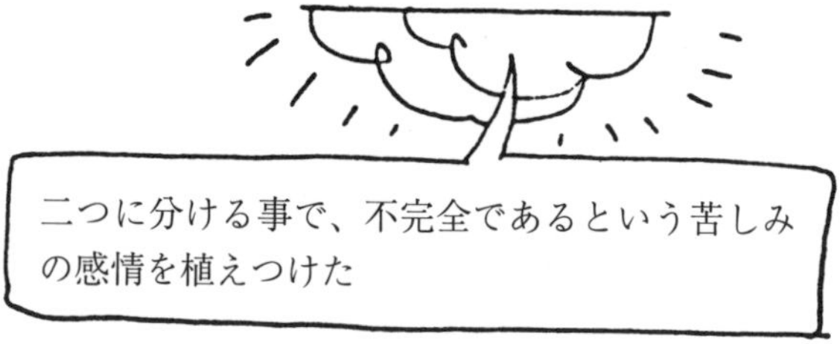
二つに分ける事で、不完全であるという苦しみの感情を植えつけた

ほかの事は考えられないよ！

異なる性質、異なる役割。
男性の性質は本質的に精神的なものである。

男の役割は
――神を崇拝する。
――トーラを研究する。
――外的活動（仕事や公的活動など）を追求する。

では、男らしさの一般的概念ではない？

一方、**女性**は……

女として生まれてくるのではなく、女になるのだ！
ユダヤ教ではそうではない！
歴史や社会的発展とは関係なく、女性性や男性性というものが存在する

……**物質的世界と結びついている。**

劣っているというのを言い換えてるだけでしょう！
全然違います！

女性の役割は決して劣っているわけではない。賢者は妻を愛さなくていいとは言わない。なぜならラビ・ロエゥ(16世紀、プラハの人)は次のように書いている。〝妻を自分の体のように愛しなさい！”(これを女性に魂があるかどうか疑問視されていた時代に書いた)

ユダヤ教の伝承では物質世界は決して見下げたものとはされていない。〝神はそれをよしとみなした〟。人間は、彼らの行いの産物を改善していく事を課されている。

その観点から見ると、女性の役割は本質的なものなの。ユダヤ教の教えを家庭生活に置き換えるのだから。〝家庭は神殿であり、食卓は祭壇である〟

もっと言うと、女性には次のような(重い)責任があるの

まず、子供を教育してユダヤ教の価値観を伝える事。ユダヤ教でのユダヤ人の定義は〝ユダヤ人の母親から生まれた子供〟とする(97ページ参照)。

食事に関する法律を厳格に守る事(137ページ参照)。

祭りを行い、伝統的な料理を作る事(その象徴的な重要性に関しては114ページ参照)。

女性は家庭外で働くこともあるが、そのために家庭生活を損なってはいけない。

だからといって男性が物質的な義務から免除されているというわけではないわ。
〝妻を自分の体よりも尊いものとしなさい〟
自分の意見をいいなさい、女性たちよ！
女性なくしてはユダヤ人の生活は不可能なため、トーラはまず女性に与えられた。
〝もし妻が小さき者ならば、体を折り曲げよ〟(タルムード)

一方、女性は次のようにも言われる。
〝男性に敵対し助ける者〟
言い換えれば、女性は、男性がおのれの卑しい品性と闘うのを助けるのだ。

パブにいく代わりに、トーラの勉強をしなさい！
怒鳴らないでくれよ！　ユダヤ人の妻は謙虚で控えめなはずだろ！

もしくは次のような解釈もある。
〝敵対し助ける者〟
もし立派な男なら？　妻は**助ける者**になるだろう。
もしだめな男なら？　妻は**敵対する者**になるだろう。

男性と女性の唯一の法的枠組みは結婚である。

聖書の時代には一夫多妻は認められていたが、単婚が好ましいものとされていた。西洋では、一夫多妻は10世紀より禁止された。結婚で目指すべき理想は完全な調和である。〝**そしてお前たちは一つの肉体になる**〟。

調和の取れた家庭には神が存在し統べる。

言い換えれば、あいかわらず妻が夫の犠牲になるということ？
そうだ、でも夫も同じことをするべきなんだよ
〝自分の体より妻を尊べ〟と聖書も言っている
そして愛は？
カバラによると、魂は地上に降りる前に二つに割れてしまい、それぞれ異なる性の肉体に宿る。
これは、強烈な愛情というロマンチックな考えからは程遠い。ヘブライ語で愛(ヨデア)とは〝知る〟という意味だ。その関係は、単なる移ろいやすい肉体的な魅力に拠るべきでない。
つまりは、本当のもう半分を見つけるってこと！
それを信じてるの？

それゆえ、うまくいっている夫婦はお互いを知れば知るほど、無関心になるどころではなく、二人の愛ははぐくまれていく。

セックス

性行為は、出産を目的にするものだけではなく、お互いに喜びを与える事で絆を強めていくものとして、夫婦生活の中で重要なものとされている。

諸君、4週間以上妻との性行為を行わないことは禁止されている
次の性的関係は、厳しく禁止されている。
婚外の性交。不倫はそれだけで結婚をだめにする。
生理中とその後1週間の性交

一般的に、避妊は認められていないの。例外は、重大な医学的問題がある場合とか
戦争とか飢饉のときね

追記。カバラによるとシャバットに妻と性交することは、夫婦が宇宙の調和を共有できるから良いとされる。

離婚

夫婦の役割は重要であるが、現実的なアプローチのおかげで離婚は**法的に認められている**。しかし、現代社会と違って、ユダヤ教は離婚の深刻さを軽んじたりはしない。

寺院の祭壇の石でさえ、別離の悲しみを嘆いている。

聖書の時代には、拒絶によって離婚が成立した。夫は単に妻を拒絶すればよかったのだ。

それは昔の話さ！

しかし、10世紀には、両者の同意による離婚のシステムが導入された。さらに、義務である**結婚の契約**（ケトウバ）には離婚の条項がある。

もし私を離縁したいなら
私の同意を得なくてはならない
結婚持参金を返さなければならない。その額は結婚の契約に明記されている
そんなものにサインするとはあんたも馬鹿ね

家庭生活

ユダヤ人は家族を持つ義務がある。

〝産めよ、子孫を増やせ〟は聖書に出てくる最初の掟
ユダヤ教はマルサスの見解（人口の増加が生活レベルの低下をもたらす）は受け入れない
〝子を産んで、地を満たせ〟という教えは全人類のもの

何世代にもわたる繁栄こそが、聖なる目的が果たされること、すなわち神の啓示への準備を確かなものにする。

家庭はユダヤ教の根本だ
家庭はユダヤ教の実践に欠かせないの（シャバット（安息日）、食事の法など）
そして、隣人を愛する事を実践する〝社会の小宇宙〟でもあるんだ

親と子供はお互い義務を負っている。

両親の義務
子供の健康を保つ事、そして**ユダヤ人の価値観を伝える**事。

子供は話すか？
トーラの句を教えなさい！
子供は清潔か？
祈りのショールを与えなさい！
自分で手を洗えるか？
清めの儀式を教えなさい！
神様、天才を与えてくださってありがとうございます！
?!
全部、びっくりするほど単純に思える

ラビ・アキバは言った

ユダヤ教では、〝受動的な〟教育システムは好まれない。
〝鞭をおしむと子供をだめにする〟
しかし、行き過ぎた厳格さもよしとはされない。
〝自らの子供を脅かしてはならない！〟
〝子供の性質が教育のあり方を決める！〟
苦しめないように、子供をいたずらに脅かすべきではない。しかし、その場で叱るのはよい！

聖書によるとユダヤ教の価値観を伝えるのは、**教育者の役目を負っている母親**である。ユダヤ人とは〝ユダヤ人の母親から生まれた者〟という定義を思い出そう。
ユダヤ人の家庭をとりしきり、子供の残りの人生にまで及ぶ特別の雰囲気をつくり出すのは母親の役目である：

シャバットの日に、2
本のろうそくが灯され
たテーブルに座ってい
たのを覚えている。母
と一緒にいると、お祭
り用のテーブルはすで
に救世主の王国の一部
のようであった(アル
バート・コーヘン)
SZLAK
MANN

ユダヤ人社会から、**ユダヤ人の母親**というキャラクターが生まれた。ニューヨークのユダヤ人文学では、子供に過度の愛情を与え骨抜きにしてしまう母親というテーマが好まれた。

おたくの子供さんはエディプス・コンプレックスですよ
それがどうしたというんです？
肝心なことは子供が母親を愛しているということよ！

質問：駅のプラットホームにいるユダヤ人の男の子を見分けるには？
答え：子供のほうに母親が列車を引っ張ってくるのが見えるよ。

子供の義務

〝父母を敬いなさい〟

ユダヤ法はこの点では非常に厳格で、子供にとって両親は神の〝代理人〟であるとしている。子供の両親への義務は：

——養うこと（もし両親が貧しいならば）。

——食卓を整えること。

——ぞんざいに言い返さない、など。

どこまでこの義務は守られなければならないのか？

タルムードは非ユダヤ人を例にとってこう言っている。〝ある人は町の議会の議長であった。あるとき議会の人たちの面前で、母親がこの人の頭を叩いた。頭を叩いていた靴が母親の手から滑り落ちた。するとこの男はその靴を拾って母親に返した〟。

父と母を敬う事は、ユダヤ教の伝承によって定められている〝隣人を愛せ〟を実行するいい準備である。

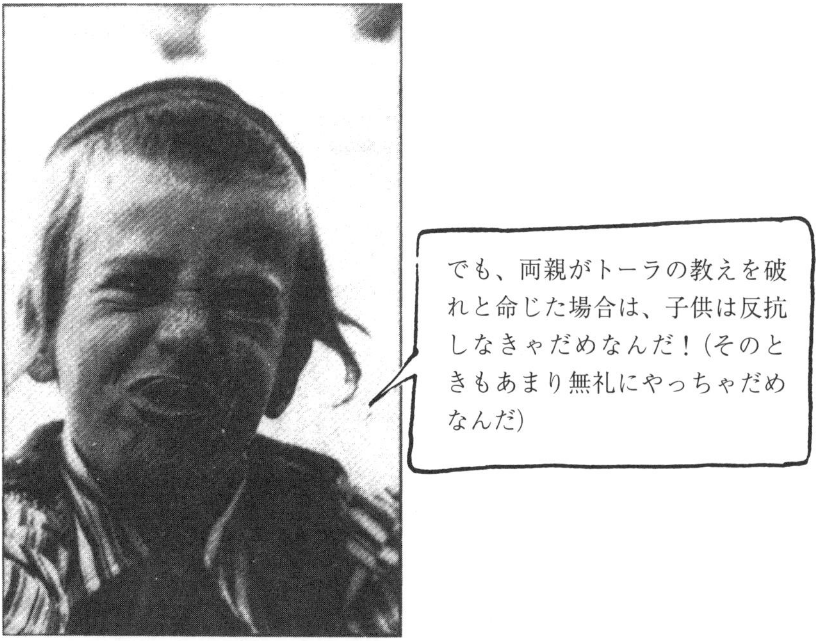
でも、両親がトーラの教えを破れと命じた場合は、子供は反抗しなきゃだめなんだ！（そのときもあまり無礼にやっちゃだめなんだ）

シャバット（安息日）

これは最も重要なユダヤ教の慣習である。金曜の日没から土曜の日没にかけてのシャバットのあいだは、どのような仕事も行ってはならない。

〝神は6日の間に、天と地を造り、第7日目に休んだ〟

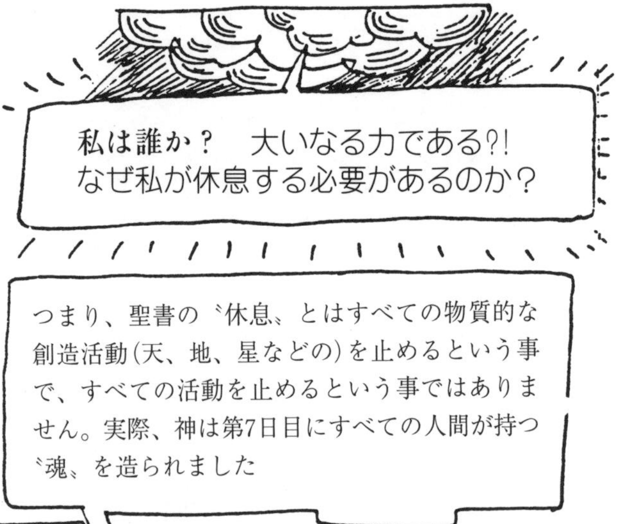
私は誰か？　大いなる力である?!
なぜ私が休息する必要があるのか？
つまり、聖書の〝休息〟とはすべての物質的な創造活動(天、地、星などの)を止めるという事で、すべての活動を止めるという事ではありません。実際、神は第7日目にすべての人間が持つ〝魂〟を造られました

そのとおり！
物質世界はそれ自体が目的ではない。精神的生活にサポートを与えるものである
まさに、魂は創造の頂点であり、同様に第7日目、シャバットは1週間の最高の時である
それゆえシャバットは精神生活に充てられなければならない

しかし、シャバットには社会的意義もある。人類の尊厳を賛美することだ。

〝お前たちはエジプトで**奴隷**だった事、**神はシャバットを守るよう命じた**事を忘れてはいけない！〟

例外なく１週間に一度安息日が与えられる事は、奴隷たちにとって自由人の地位を得る事に等しい、少なくとも週に一度は！

お前たちユダヤ人は、役立たずだ！　７分の１の時間が余暇なんだからな！
非ユダヤ人の労働者に、週に一度の休みを得るのにどれほど苦労したのか聞いてみなさい!!!

我々に
休息の日を！
彼らの言う事はもっともだ！　週に一度の休息は我々の権利であるだけでなく、義務でもあるのだ！
このユダヤ人たちは、不平不満をあおるごろつきどもだ！

ユダヤ人はどのようにシャバットを守るのか？
——一連の禁止事項を守る。
——ある行為を行って〝シャバットの喜び〟に没頭する。

◇ シャバットでやるべきこと、やってはいけないこと

〝シャバットの日に**労働してはならない**〟

〝労働〟という単語は**費やされた肉体的努力の量とは関係がない。**

家の食器棚を持ち上げてもシャバットの律法を犯したことにはならない。
電気のスイッチを押すとシャバットの法を犯したことになる。
〝神が見ておられたら、私はおしまいだ〟
何を〝労働〟と呼ぶのだろう？
この問いに関して、口伝の法(57ページ参照)はシャバットの法により禁じられている一連の活動をあげている
種播き、肉体労働
針仕事
車の運転
調理
家に物を入れたり出したりする事
書き物
家を壊す事
電気のスイッチを点けたり消したりする事

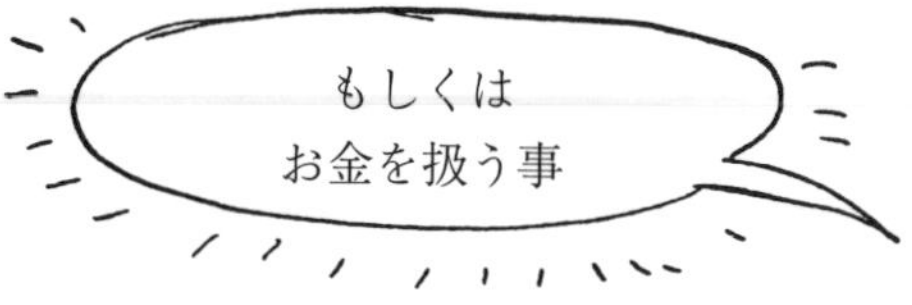
もしくは
お金を扱う事

一般的に〝労働〟とはどのように定義されるのだろうか？労働とは、**間接的なものであれ、生産や貿易と結びついて行われるすべての活動を指す。**

例えば

——家に物を入れたり出したりする事：物々交換に結びつく。
——電気のスイッチを点ける事：ラジオやテレビや電球などの家庭用でも禁止である。
——仕事を行う意思がなくても筋肉を使う仕事は禁止されている：地面に穴を掘ったり（肉体労働）地面に水をまいたり（灌漑）。
——お金を扱う行為はすべて禁止されている。口頭での取り引きの契約も含まれる。

シャバットの禁止を遵守する事は
敬虔なユダヤ人にとっては大変な
ことではない
10000

一般の生活にとって、この休日はどのような意味があるのだろうか？

宇宙への神の絶対的な主権を認識すること。

神は創造主であるのみならず、宇宙の**動きを司っている。**

金銭や肉体的活動を意図的に中止する事により、**金銭的な損失がもたらされようとも**、人間の努力はそれが**神の意志**であってこそ報われるという事を示すのだ。

もうすぐシャバットだ。店じまいをする時間だ！
しかし、誰が店番をするんですか？　一番の上客は土曜日に来るんですよ！

すべての仕事を第6日目までに終わるようにして、神を信頼しなければならない。

私こそがお前の一番の客である！　商業生活を含むすべての創造は私によるのだ。私こそが所有者なのだ。お前は管理者に過ぎない！
だからシャバットが来るごとに、お前は店の鍵を私に返さなければならない！

しかし、地上は人間のものである事もまた宣言される。

商業活動を自発的に止める事で、ユダヤ人は〝進歩の奴隷〟になる事を意識的に拒否する。

◇ それゆえ、シャバットはその境遇にかかわらず、すべての人がささやかな尊厳をとりもどす事を可能にする。社会階層の一番下にいても、週に一度の休日を楽しむ事ができるのだ。

仕事をやめなさい、時間切れだ、シャバットを楽しみなさい、レヴィさん！
あなたもです、ロスさん！
ユダヤ人は骨の髄までアカだ
片手には温情主義、もう片方には二つの階級の協調！やれやれだ！

シャバットでの禁止項目は字義どおり実行しなくてはならない。

しかし、シャバットは禁欲や苦行の日ではない。反対に：
〝シャバットに断食をすることは禁じられている。イスラエルにとって光の日であり、シャバットは喜びの日と呼ばれる〟

シャバットの禁令にもかかわらず、いかに安らかにシャバットを楽しむか？

いくつかの現実的問題

暗闇の中で何をしてるんだ？　シャバットはイスラエルにとって光の日なのに！
電気を点ける事は労働だから、シャバットでは禁じられているのだ！
しかし、それは正しいシャバットの精神ではない
二つの解決方法がある。シャバットになる前にスイッチを点けて、一日中点けっぱなしにしておくこと（だから人間の介入は必要がない）。
もしくはシャバットの前に夜になれば電気が点くように自動タイマーをセットしておく（だから人間の介入は必要ない）。
シャバットの日に食事をしようと招いておいて、生の鶏肉を出すとは！　ひどい話だ！
しかし、オーブンをつけて調理する〝労働〟は禁止されている！
ばかもの！　次は、シャバットの前に調理しておいて、ホットプレートを温め、シャバットの間中つけっぱなしにしておくのだ！

お医者さんに電話しなさい！
電話をかけることは労働にあたるから、禁止されている！

それは誤った解釈です！もし生死に関わる可能性が少しでもあるならば、シャバットの法を犯すことは義務なのです。

ことわざにあるように

〝シャバットはイスラエルに与えられたものであり、イスラエルがシャバットに与えられたのではない〟そして〝私の教えを守り、生き延びよ！〟

◇ シャバットの喜びは、儀式と活動の組み合わせの中にこそある。それはシャバットに特別な雰囲気を与える。

① ほとんどのユダヤ教の儀式がそうであるように、家庭は清められ、賓客と同じようにシャバットを迎える用意をしなければならない。シャバットは〝**イスラエルの花嫁**〟なのだ。

② 夕方に、家の女主人は２本のろうそくに火を灯す。これは、アダムとイブが罪を犯した時に神が隠した原初の光の象徴である。

〝原初の光〟を再び灯すことは、家庭の女王である女性に与えられた責務である。

郵 便 は が き

お手数で
すが切手
をお貼り
下さい。

102-0072

東京都千代田区飯田橋３－２－５

㈱ 現 代 書 館

「読者通信」係行

ご購入ありがとうございました。今後の刊行計画の参考とさせていただきますので、ご記入のうえご投函ください。なお、ご記入いただいたデータは、小社での出版及びご案内の発送資料以外には絶対、使用致しません。

ふりがな お名前	年齢 女　男
ご住所　都道府県　市区郡町 〒　TEL　FAX	
ご職業（または学校・学年をくわしくお書き下さい）	E-mail.
ご購読の新聞・雑誌	

□ご注文申込書（小社刊行物のご注文にご利用ください。その際、書店名を必ずご記入ください。）

書名　冊	書名　冊
書名　冊	書名　冊

ご指定書店名	住所 都道府県　市区郡町

■図書目録ご希望の方は御記入下さい。	■新刊DMのご希望　□ある　□ない ■このカードを送ったこと　□ある　□ない

書名	

●本書のご感想をお書きください。

●以下のアンケートへのご記入をお願いします。

① 本書をお買い求めになった書店名（　　　　　　　　　　　　　　　　　　　　）

② 本書を何でお知りになりましたか

1．新聞·雑誌広告（　　　　　　　　　）2．書評（　　　　　　　　　　　）

3．人に勧められて　4．小社のDM　5．実物を書店で見て

6．その他（　　　　　　　　　　　　　　　　　　　　　　　　　　　　　）

③ 本書をお買い求めになった動機

1．テーマに興味　2．著者に興味　3．資料として　4．広告を見て

5．書評·記事を読んで　6．タイトルに興味　7．帯のコピーに興味

8．その他（　　　　　　　　　　　　　　　　　　　　　　　　　　　　　）

④ 本書の定価はどうですか

1．高すぎる　2．高い　3．適切　4．安い　5．気にとめなかった

⑤ 本書の装幀はどうですか

1．とても良い　2．良い　3．普通　4．悪い　5．気にとめなかった

⑥ 本書のタイトルはどうですか

1．とても良い　2．良い　3．普通　4．悪い　5．何ともいえない

⑦ 本書をお読みになって

1．むずかしい　2．普通　3．やさしい

4．おもしろい　5．参考になった　6．つまらない

⑧ 今後お読みになりたい企画がありましたらお聞かせ下さい。

③ その晩は、家族全員が祭りの料理を食して祝福する。その食事は……

キドゥーシュ（聖別の祈り）
酒杯
〝第6日目の朝と夕方。天と地はすでに造られた。第7日目に神は仕事を終えられた。そして神は休まれた〟

パンの祝福
〝主よ、我々の神よ、食べ物を地からもたらしたあなたを祝福します〟
2本のパンは、イスラエルの民が荒野をさまよっていた時に与えられた〝マナ〟を思い起こさせる

食事の後、家族で歌をうたい、夜遅くまで話し合う。

④ 土曜日は、祈り、学び、特別の食事をして過ごす。シャバットは家族が集まるときであり、家族のメンバーは日常生活の緊張や重圧を離れて休息する。

シャバットはまたシナゴーグや家庭で**トーラ**を学習するときでもある。結論としてはシャバットの食事は、お客をもてなすことなくしては完全でない。それが旅人や貧者や恵まれない人々であっても。

シャバットが始まるとユダヤ人は特別な光を放つ。
神はユダヤ人に〝シャバットの魂〟を与えるのだ。

シャバットは救世主の時代の前兆なのである。

ユダヤ暦

ユダヤ暦は創造の時から計算されている。例えば西暦1986年は5746年であるとされる。これは創造の時から5746年目である事を意味している。

ユダヤ暦は太陽暦、太陰暦の両面を持つ。

太陽暦：1年間は365日

太陰暦：１カ月のサイクルは月の満ち欠けに対応する。それゆえ29日か30日の12カ月があり、太陽暦と整合させるために追加の月が加えられる年もある。

ユダヤ教の伝統は、月とイスラエルの間に多くの類似性を見出している。

太陽＝母性の力を象徴している。国々の特権。

月＝夜の王国におけるか弱い光線は、すなわち放浪の長い夜において国々に屈辱を与えられたイスラエル。月の弱い影響力は、すなわちユダヤ教の教えが徐々に浸透していくことを表す。

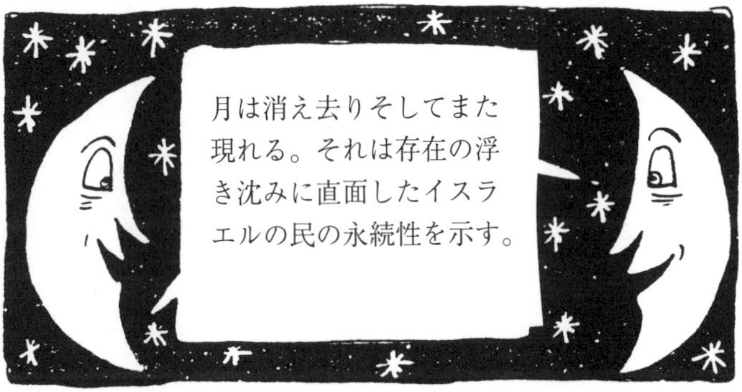
月は消え去りそしてまた現れる。それは存在の浮き沈みに直面したイスラエルの民の永続性を示す。

ユダヤ教の１年は数多くの祭りに彩られている。

ユダヤ人問題？全部の祭りをどうこなすかってことだよ！
暦
・新年
・贖罪の日
・仮庵祭(スコット)
・律法感謝祭(シムハット・トーラ)
・プリム祭
・過越の祭(ペサハ)
・五旬祭(シャヴオット)
・ティシャベアブ
・セリホット
・シャバットの開始のお祝い
・シャバットの終了

これらの祭りには、一連の禁止事項と特別のしきたりがある。
——特別のシナゴーグでのサービス。
——家族の食卓で神の言葉を象徴する料理が出されることもある。

結局、すべての祭りには三つの意義がある。
① 自然の、もしくは農耕行事の象徴である。
② 歴史的な出来事を祝う。
③ 形而上学的な意味を持つ。

〝トーラから栄養を取る〟

ヨム・キプール(ユダヤ人の１年で最も厳粛な、贖罪の日)のみが純粋に形而上学的な意味を持つ。

新年：ロシュ・ハシャナ（9月頃）

これは〝世界の誕生日〟。この日に神は〝**生命の本**〟を開いて、個人の１年間の行動を記録する。

> 〝私は羊が羊飼いの注意深い目の前を通り過ぎるように、審判のために神の前に現れます〟

その儀式では、ショファール（**傷のない雄羊の角笛**）が鳴らされる。

ある日、神はアブラハムに言った。

〝お前の約束の一人子イサクを、いけにえとして神にささげよ〟
しかし
人間のいけにえをささげることは禁止されているのでは？
それに神は、イサクが繁栄をもたらすと約束されたのに！
最悪だ！しかしそれが神の意志なのだ
もうやめよ！
お前の息子の代わりに、藪のなかの羊をいけにえにするのだ！
お前が神を恐れており、自分の一人子でさえあきらめる心構えであることがわかったこれが雄羊の角笛によって神と直接話す由来となった。

神よ！　お慈悲を！　アブラハムがいけにえをささげようとした事をお忘れにならないで下さい！

さらにユダヤ人にも……

ユダヤ人たちよ！　あなた方の父祖であるアブラハムがいけにえをささげようとした事を忘れないようにしなさい！

彼らに思い出させ、
彼らの良心を吟味する。

ユダヤ人のほとんどの祭りにおいて、ユダヤ人の伝統的料理が発展してきた。家族の食卓では、〝甘い〟年になるよう、りんごに蜂蜜が塗られる。

新年おめでとう！

新年おめでとう！

新年おめでとう！

イスラエルとすべての人類に平安の年を！

繁栄の年を！

ロシュ・ハシャナに続いて〝改悛の10日間〟があり、それは第10日目の〝贖罪の日〟で最高になる。

贖罪の日（ヨム・キプール）（9月頃）

ロシュ・ハシャナの日に私は生命の本を開き、ヨム・キプールの日に再びそれを閉じる。そしてお前の運命は来年まで封印される
断食は成人の義務である（25時間飲食を控える）。
その日はシナゴーグにおいて祈りと……
神の許しを請うことで過ごされる。
אלהי אבותנו

そりゃいいい！　我々の賢者によると、
神様は自動的に我々みんなを許してく
れるそうだ！
ちがう！
神は、神自身への
罪を許すのであっ
て、隣人への罪は
許さない！
隣人への罪は、隣
人に許しを請わな
ければならない！

隣人に許しを
請えだって？　俺 の
ゴッドファーザーとしての
キャリアも終わりだぜ！

ロシュ・ハシャナとヨム・キプールの間に、神の前で裁かれることになったら、大変だよ
ちがう！　悔悟の日々は悲しいものではない！
ユダヤ人は悔い改めの力と神のお慈悲に確信を抱いている！
全能の神による裁きは恣意的なものではない！

ユダヤ人社会のメンバーはほとんど全員、正統派でなくともヨム・キプールの教えを、少なくとも一部は守り、他の日に決して行くことはなくても、この日だけはシナゴーグに行く。

この日は、**なんら歴史的出来事と関係がない**。そこには純粋に宗教的な意味しかない。イスラエルよ、神の忠実な花嫁なのか？

仮庵祭：スコット（10月頃）

ユダヤ人は、天候が許せば、8日間にわたり屋外での仮の建物で生活する事を義務付けられている。この建物は、草の葉でできた屋根を持ち〝幕屋〟と呼ばれる。

これはイスラエルの民が荒野をさまよっていた事を記念するものだ。その頃ユダヤ人は粗末な小屋で暮らしていた。
小屋の屋根には明かり取りがなければならない。
それを通して空が見えるのだ。
これはユダヤ人の、自分たちを、直接に神のご加護のもとにおこうとする願いを表している

律法感謝祭：シムハット・トーラ

律法感謝祭はトーラの読書のサイクルの区切りであり、再び初めから**読み返される**。これは**精神的な成長が無限であることを表している**。トーラの読書により、精神的成長は再び新しいものになる。

トーラの巻物はシナゴーグにおいて安息日ごとに朗読される。トーラは創世記からモーセの死まで52の部分に分かれている。

律法感謝祭の日には、ユダヤ人は、あたかも夫が妻と踊るかのように、トーラを手にして踊る。これはトーラへの愛を表している。

〝それは手にするものにとって生命の木である〟

宮潔めの祭（ハヌカ）（12月頃）
これは次のような奇跡を記念している。
前2世紀にユダヤ人は、イスラエルの地からギリシア系シリア人を追放する事に成功した。ユダヤ人たちが宮殿の光を灯すときに、1日分の油しか入っていない壺を見つけたのだが、実際は**8日間**も光が灯っていた（8日間＝さらなる油を手に入れるのに必要とされた時間）。

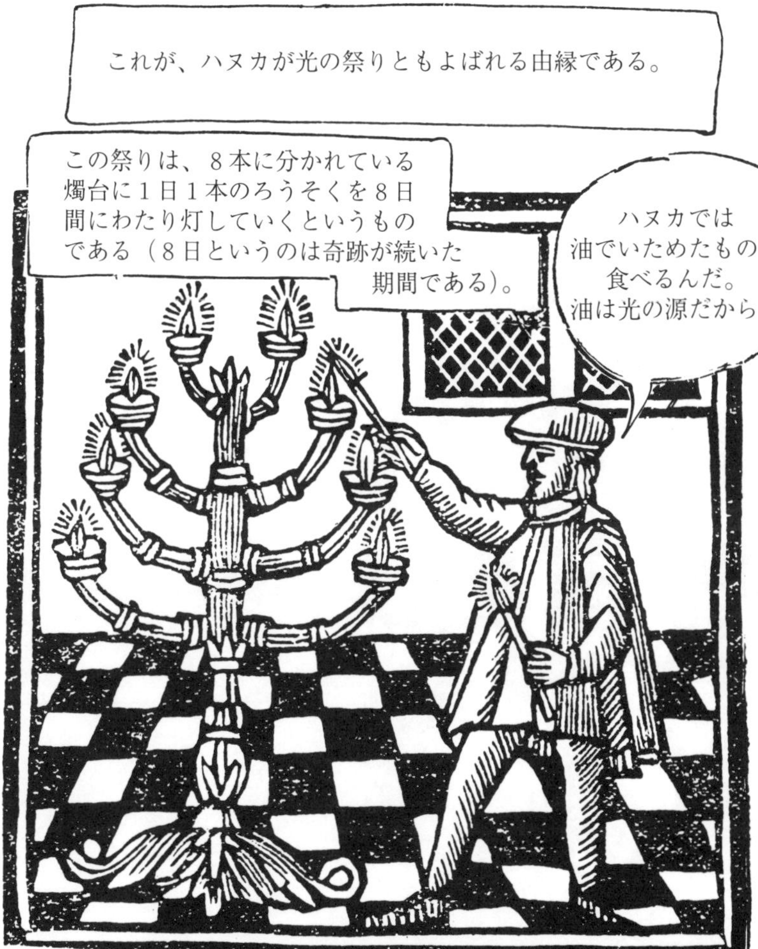
これが、ハヌカが光の祭りともよばれる由縁である。
この祭りは、８本に分かれている燭台に１日１本のろうそくを８日間にわたり灯していくというものである（８日というのは奇跡が続いた期間である）。
ハヌカでは油でいためたものを食べるんだ。油は光の源だからね

それゆえ、ハヌカというのは軍事的勝利を祝うものではない。光の奇跡を記念するものだ。つまり精神の物質に対する勝利、弱者の強者への勝利なのだ
さまざまな誘惑の企てや、ギリシアが用いた武力にもかかわらず、イスラエルの民は彼らの価値観を捨てることを拒んだ

プリム祭（３月頃）

ペルシアのアハシュエロス王（前５世紀）の大臣ハマンは、帝国内のすべてのユダヤ人を死刑に処すとの宣言を出した。しかし、王妃に選ばれたユダヤ人の娘**エステル**は勇敢にも王にとりなし、この悪名高い布告を取り消させた。プリムはこの出来事を祝うものである。

プリムは楽しい祭りなんだ
虐殺という身体的危機を記念するもの。これはまさしく物質的側面で、だから、お祝いの食事や、たくさんの飲み物、それに贈り物が重要なんだ。
SZLAKMANN

プリムの日にはその由来となっているエステル記（メギラ・エスレル）が朗読される。

ヘブライ語でエステルは〝隠された〟、メギラは〝発見する〟という意味。
〝隠された〟というのは、この物語では、神は明らかなやり方では介入していない事を意味する。
〝発見する〟とは偶然の出来事の裏 に神の手を見出せる事を指す。
敬虔なユダヤ教徒にとって、歴史とは自らの物語にほかならない
アンコール!
!

過越の祭（ペサハ）（４月頃）
これは、エジプトでの奴隷状態からの**解放**を祝うものである。
春の祭り：イスラエルは、つぼみから花が咲くように、勢いよくエジプトから飛び出した。祭りの中心はセデルといわれる儀式の食事で、その間に父もしくは家長がエジプトからのエクソダスについての物語（ハガダー）を読み上げる。

我々はエジプトで
奴隷だった。しかし神が我
々を解放してくださった

発酵する穀物からできたもの（ハメツ）、すなわちパンを食べる事は禁じられている。
マツォトと呼ばれる**種無しのパン**（イースト菌が入っていない）のみが食べる事を許されている（過越の祭とは種無しパンの祭りでもある）。

セデルの食卓の中心は儀式用の**象徴的な料理**である。

発酵するとパン生地が膨らむ。これはあたかも人間が自己満足でいい気になってのぼせあがっているようだ。

種無しパン：マツォト
なぜ種無し？
ユダヤ人はくびきから解放してくださった全能の神に謙虚さを見せねばならない！
AND THE JEW MUST SHOW HUMILITY TO THE ALMIGHTY, WHO BROUGHT HIM OUT OF BONDAGE!
僕みたいに謙虚になりなさい！
マツォト
アシュケナージ（ドイツ系ユダヤ人）版
スファルディ（スペイン系ユダヤ人）版

苦いハーブ。奴隷の苦しい日々を思い出させる。
イチジクと粉にしたアーモンドは建設作業に用いられたモルタルを思い出させる。

五旬祭(ペンテコステ):シャヴオット(5月頃)

エジプトからのエクソダスの7週間ほど後に、ユダヤ人はシナイ山でトーラを授かった。この出来事はシャヴオートとして記念されている。これは古代パレスチナにおける穀物と果物の収穫の始まりの時期と一致する。

トーラはシャヴオットの正確な時期を定めてはいない。トーラは時間を超えている。シナイ山の正確な位置もまたわからない。トーラは空間も超えるものだ

ティシャベアブ（アブ９日の絶食）（８月頃）

ヨム・キプールの断食とは違い、アブ（ユダヤ暦第５月）９日の断食はエルサレムの二つの神殿の破壊を記憶し、悲しむために行われる。いくつかの悲しい出来事が起こっている。

――ローマにおける最後のユダヤ人の砦が陥落（135年）
――スペインからのユダヤ人の追放（1492年）
――第１次世界大戦の勃発

こういう話がある……

エル
サレム
HI HI HI
ラビ、なぜ笑ってるんです？
預言者たちの、エルサレムが破壊されるという預言が本当になったからだよ
だから今、私はエルサレムの再建の預言もまた実現することがわかった！
救いがたい楽観主義だな……

儀式

ユダヤ教の実践は、精神的なものであるだけでなく、伝承により聖なるものを使用することが課されている。

それらは決して魔除けなどではない。それらは、神の言葉の容器であり、我々の義務を常に思い出させるものなのだ。

祈りのショールと房（タリットとティジット）
朝の祈りの時に、ユダヤ教徒はショールを羽織る。このショールは、長方形の布で、四つの角にそれぞれ房（ティジット）がついている。

1日中、ずっと外套の下に小さなタリットを着るユダヤ教徒もいる
ティジットは39本のより糸からできている。なぜなら39とは〝神は一なり〟と書いたヘブライ語の字数だからだ。
ティジットをみると、十戒を思い出す！

ヘブライ文字は数字でもある。だからあらゆる言葉は数的価値を持つんだ。ゲマトリアとは、言葉を数的価値で置き換えて新たな意味を見出そうとする神秘主義的体系なのだ

◇ **聖句箱**（テフィリン）

これは二つの革製の箱で、それぞれに羊皮紙が入っており、革ひもがついている。

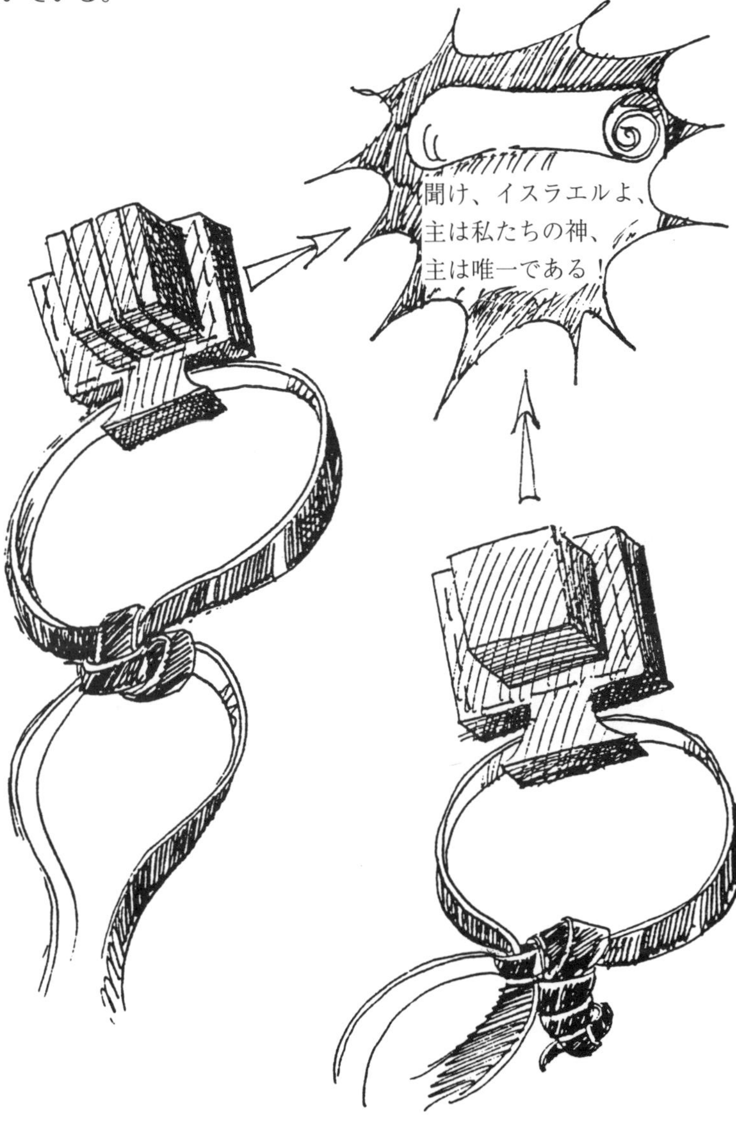
聞け、イスラエルよ、
主は私たちの神、
主は唯一である！

テフィリンはユダヤ人の無上の栄光である。祭りのあいだ、ユダヤ教徒は神の言葉を〝摂取〟し、聖なる言葉に**自らの身を包ま**ねばならない。

1
まず、一つ目の箱を腕に括りつける。肉体を以って神に仕えることの象徴である。
2
革ひもは7回まきつける。
3
それから、指にも革ひもをまきつける。これはイスラエルが神の〝花嫁〟であることを表している。
4
そしてもう一つの箱は、額の上にのせる。神に知性を以って仕えることの象徴である。
テフィリンを腕と頭につけることにはなんの隔たりもない。思考と行動の間に隔たりがないのと同じである。

メズザー

ユダヤ教徒は神の言葉で自分の家をも崇拝する。それゆえメズザーと呼ばれる聖書の一部を書いた羊皮紙の入った箱を家の入り口にとりつける。

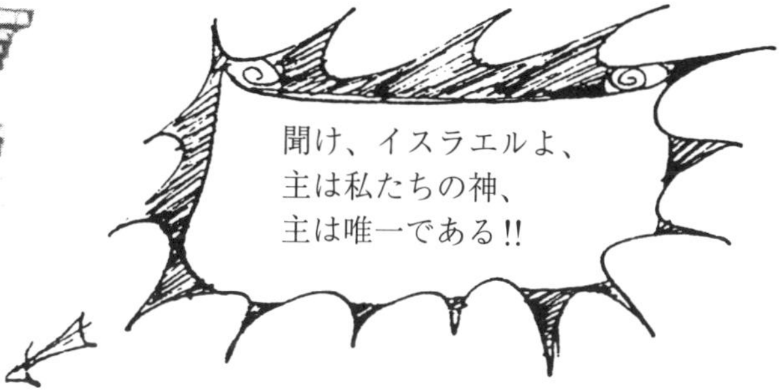
聞け、イスラエルよ、
主は私たちの神、
主は唯一である!!

ヘッドギア

ユダヤ人男
性はキッパ
と呼ばれる
帽子をつけ
る。これは
神の前にあ
って尊敬を
表すものだ

これらの物は神の言葉を象徴しており、物質世界に神の言葉を広めることができる。それがイスラエルの使命である。

祈り

もともと祈りは個人に任されていたが、神殿の破壊の後、共同の祈りは成文化され強制的なものになった。

数世紀を経てより豊かになってきているものの、本質的には、祈りのあり方は2000年間変わっていない。

その儀式のあり方は、祈りの書に書き記されている。祈りの書はいくつかの細かな違いはあるものの世界中でほぼ同じである。

祈りには次のものを含む：

——**嘆願**、これは常に共同で行われる。

〝神よ、我々に知恵の贈り物をください〟
〝我々を良きもので満たしてください〟
最初に隣人のために祈る者が
最初に聞き入れられるんだよ

——タルムードの教え

〝ラビ・エリツァーがラビ・ハリナを代弁して言うには、賢く知識のある者が世界に平和をもたらす〟

——歴史的事件

〝高僧マティティアホウの時代に、イスラエルの人々の上にギリシアによる圧政がしかれた〟

——神への賛美

〝主よ、あなたの行いはなんと偉大なのでしょう！　地はあなたの果実によって満たされました！〟

毎日の三つの重要な祈り

——朝の祈り。ここでは全能の神の**認識の確かさ**に重点が置かれる（45分程度）。

——午後の祈り。日常業務の中断が求められる（30分程度）。

——夜の祈り。夜の不確かな闇の始まるとき、神への信仰と信頼を宣言する。

共同での祈り（最低でも10人）は個人だけの祈りよりよいものである。

祝福

重要な行為（飲食、旅行、起床、戒律の実行）が行われる前に、信仰の深い者はその行為に関する信仰表明（祝福）をしなければならない。

ユダヤ教徒にとって、非宗教的行為は存在しない。
盗人め！
私の被造物の産物を祝福せずに取る者は盗人とよばれる！
地からこの食べ物を下さった我々の主である神に祝福あれ

飲食物に関する戒律

ヘブライ語ではカシュルート
コシェルは律法に**適した**食べ物で、従って消費に適している。ユダヤ教の伝承によると、カシュルートは人間の理解を超えた理論の一部である。ユダヤ人は純粋に信仰を持ち、受け入れなければならない。最も伝統的な思想によると、ユダヤ教はその人が食べたものとその人自身には強い関連が存在すると断言している。

性的本能にトーラが制限を課しているのと同様、自己保存の本能(食べ物)に関してもまた厳しく規制されている。

ピュア・ポーク
食べ物に関する戒律は、禁じられている食べ物を嫌悪しているからではない
禁じられた食品
反対に、自己修養の道徳であるユダヤ教は本能の強さを全面的に認めている！

では、カシュルートの法とは何なのか？

◇ ユダヤ教は肉食を奨励している。

人間が創造された理由は動物のそれよりも、優れたものだ
動物は、頭と腸と生殖器は同じ高さにある。
しかるに、人間は、頭が腸や生殖器より高い位置にある。

それにもかかわらず、ミドラシュはこう言っている

私の戒律を尊重するという、人間としての特別の役割を果たさないとすれば、お前は動物より劣っている！
ひひひ

しかしすべての肉食が許されているわけではない。
哺乳類の中では、次のものがコシェルとして許される。

四足動物で
反芻して
蹄が分かれている動物

例えば牛、羊など。
これらは草食動物。

これらの条件を一つでも満たしていない動物は禁じれられている。

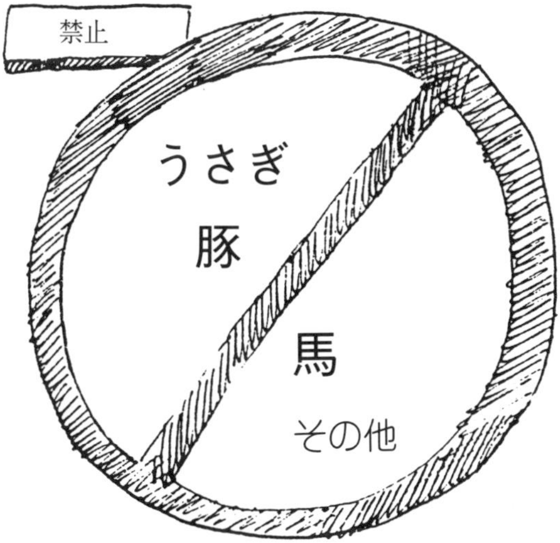
禁止
うさぎ
豚
馬
その他

鳥の中では

鶏、がちょう、あひるなどは許されている。
猛禽類は禁止されている。

禁止

魚と水中の生物に関しては

背びれとうろこのある魚
のみ許されている

禁止
うなぎ
えい
甲殻類
など
その他の海の食べ物

爬虫類、軟体動物

禁止

四足獣と家禽の儀式的な屠殺（シェヒータ）
ある特定の人（ショヘット）だけが複雑な規則のある儀式的な屠殺を行うことが、定められている。

動物は完全に健康で、なんら欠けていない状態でなければならない。
屠殺は、不必要な苦しみを避けるために、よく切れるナイフで行われなければならない。

伝承によって**ユダヤ教徒は血を食べる事は禁止されている**ため、屠殺された動物は血を抜かなければならない。

〝なぜならすべての肉の魂は生命の元である〟

ユダヤ教の伝承によると、血は生命の本質を運ぶものであると考えられている。

乳製品と肉を混ぜてはいけない。

ユダヤ教の実践において重要な分離の原則（善と悪、浄と不浄……）はここにも見出される。

口伝では乳製品と肉を混ぜる事は禁じられている。

〝子山羊をその母の乳で調理してはならない〟

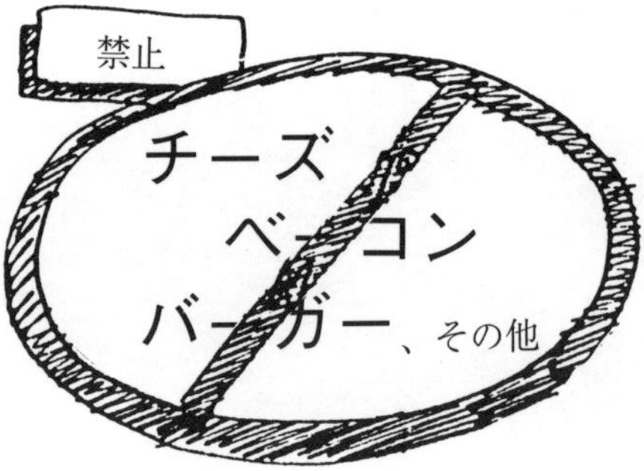
禁止
チーズ
ベーコン
バーガー、その他

正統派の戒律では、肉を食べるのと乳製品を食べる間は6時間あけなければならない。

さらに、この分離は、台所でも鍋と皿を2組み用いる事で徹底される。

一般的に、ユダヤ教の食事に関する伝統は精神的な平安をつくり出すために行われる。

1組みの皿を乳製品に使って
もう1組みを肉に使うの

イスラエルの運命

選ばれた民

〝お前たちは選ばれた民である〟
しかし選ばれたということは優れているという事ではない。

なぜ最初の人間は、１人だけ造られたのか？
ADAM
なぜなら、誰も
私の先祖が
お前の先祖より優れている
と言わないように！

選ばれたことの意味は何なのか？

それはイスラエルが次の精神的な使命を果たすからである。
——この世界での神の住まいをつくる。
——救世主の時代が来るまで神の言葉を言い伝える役目を果たす（161ページ参照）。

どのように使命は果たされるのか？
神の言葉を守り（伝え）、遵守することによって。

私が彼らを区別するのは、彼らが美徳と正義を行うことで
その息子と子孫が永遠の道をたどることを
熱望するだろうからだ

これはイスラエルの特権を意味するのだろうか？
まったく逆である！

私が数ある民族の中からお前たちを選んだのは、お前たちのあやまりゆえである！

ユダヤ教の伝承では、〝選ばれた〟民族は、苦しむために選ばれたのであり、同時に愛されるためにも選ばれた。イスラエルは〝神の花嫁〟なのだ。

あなたは、我々を数多くの苦難に耐えさせ、あらゆる場所から追い払い、追放なされた。しかし、あなたは我々を屈服させはしなかった。我々はあなたへの信仰を捨てることはありません

◇ **ユダヤ人の使命はすべての人間に向けられたものである。**

古代ローマ、あるいはキリスト教徒のもとでは、ユダヤ教への改宗はしばしば行われた。

いらっしゃい！いらっしゃい！
奴らは世界中を改宗させようとしている！

しかしこれは強制的に禁止させられた。

ユダヤ教の精神には、**自らの原則を声高に語るより、それに基づいて実行すべし**という考えがある。

改宗したいだって？1年後にまた来なさい
奴らは世界中をのけものにしようとしている！

しかしながらユダヤ教への改宗は可能である。

そうしたい者は誰でも、(イスラエルの仲間に)入る
ことができ、その祝福から恵みを受けるだろう！

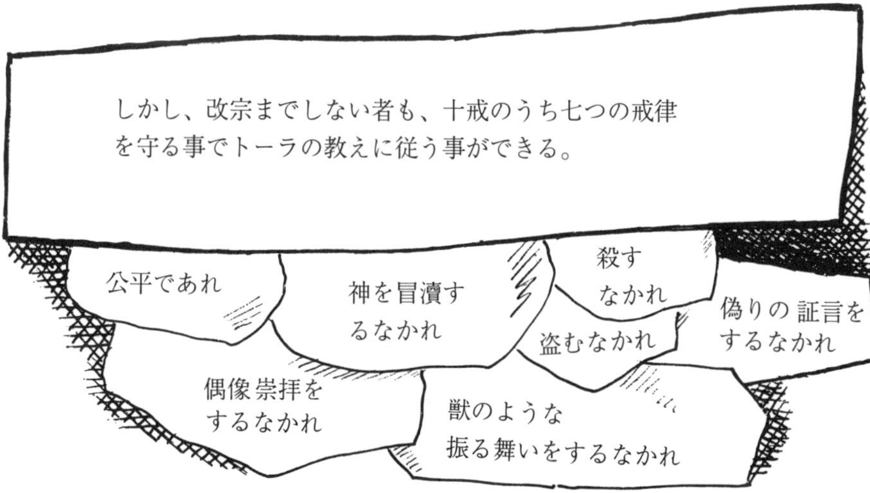
しかし、改宗までしない者も、十戒のうち七つの戒律
を守る事でトーラの教えに従う事ができる。
公平であれ
神を冒瀆するなかれ
殺すなかれ
偽りの 証言をするなかれ
盗むなかれ
偶像崇拝をするなかれ
獣のような振る舞いをするなかれ

しかし、なぜ神はユダヤ人を選んだのか？

〝全能の主がお前を選んだのは、多数派であるからではない……〟
確かに〝神は弱き者を愛する〟だな
僕はいつもそこにいる……そしてあなたは？
あなたはどこに？

これには注解が加えられている。
〝お前たちがさらに多くなることを意味するのではない〟
〝全能の神に似たい〟といったネブカドネザルのようにではなく、〝自分たちを小さき者と考える〟べきなのだ。

この選択のプロセスは、神とユダヤ人の間で結ばれた永遠の契約によって完結された。

契約の**シンボルは割礼**である。

契約の要素は：

——**トーラの贈り物**（52ページ）、神とイスラエルの結婚の契約

——**イスラエルの土地の贈り物**

割礼、契約のシンボル（ブリトミラ——**割礼の契約**）

これは包皮の切除で、子供が生まれて8日経過したときに行われなければならない（ただし子供が健康な場合）。これは喜ばしい家族のお祝いである。

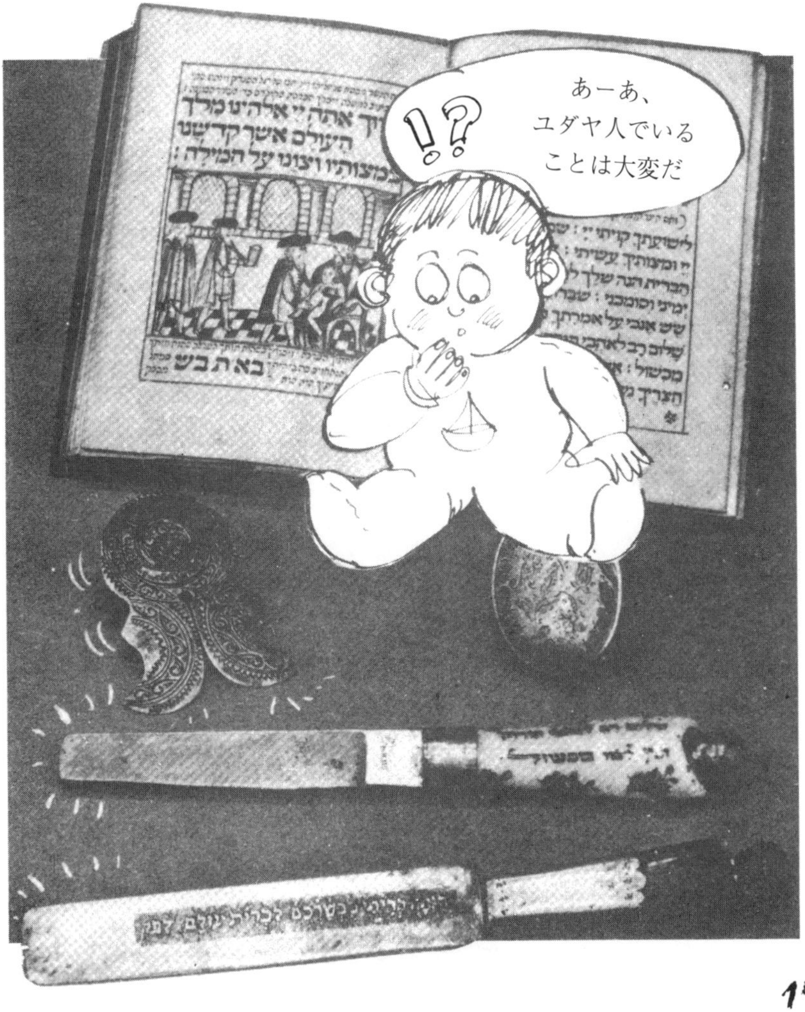

あまり熱心に信仰していない者も含め、大多数のユダヤ人はこの契約を厳格に守っている。

〝その習慣だけでもユダヤ人の存在を維持していくのに十分かもしれない〟（スピノザ）

割礼をすることで、ユダヤ人は自らの最も強い本能に聖なる封印を行う。この本能を、より建設的行動へと向かわせるのだ。

これは性的欲望を抑圧するものではない。それ自体は悪いものではない
むしろ規律によるコントロールが目的なのだ

そして伝承によると、ユダヤ人男性は割礼により性欲のコントロールができるようになるという。

それゆえ、ユダヤ人男性は外的なシンボル（テフィリンなど）を身につけるのと同じく、自分の体にも（割礼のような）シンボルをつけるのだ

イスラエルの土地の贈り物

〝お前が眺めている土地をすべて、お前とお前の子孫に与える〟神はアブラハムにこのように約束した。これは**民族としての**ユダヤ人が出現する以前の事である。ユダヤの民とイスラエルの土地は〝領土的な結びつき〟を超越した、**形而上的な結びつきである。**

イスラエルの土地は〝神聖〟であるといわれる。なぜなら〝常に全能の神のしるしがある〟からだ。

神は聖なる土地を永遠にユダヤ人に与えられた。**しかしそれは条件付きだった。**

もしお前が私の法にのっとって生きるならば、食べるための十分なパンを与えられ、お前の土地に平和に暮らす事ができる
しかしその土地から追い出される事があることも心せよ

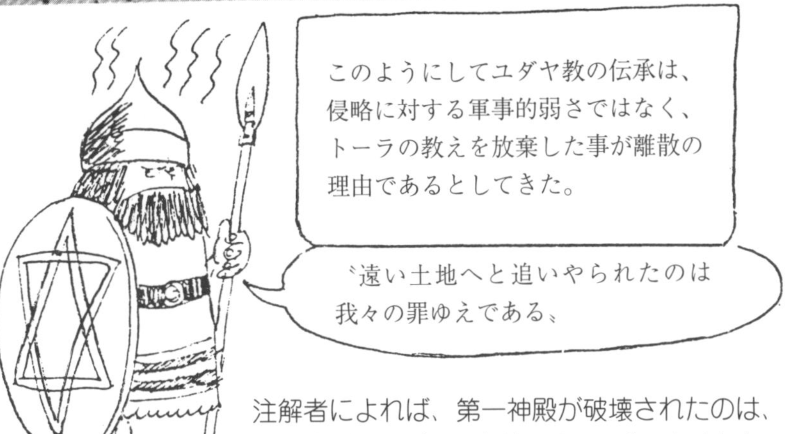
このようにしてユダヤ教の伝承は、侵略に対する軍事的弱さではなく、トーラの教えを放棄した事が離散の理由であるとしてきた。
〝遠い土地へと追いやられたのは我々の罪ゆえである〟

注解者によれば、第一神殿が破壊されたのは、とりわけ〝聖なる土地のシャバット（安息年）〟と〝ヨベルの年〟に関する律法を守らなかったからだとされる。

◇ 聖なる土地のシャバットに関する律法（イスラエルの土地のみに適用される安息年）

〝6年間、地に種をまけ、そして作物を収穫せよ。しかし7年目には、作付けせず、地を休ませよ〟
私に何ができるんだ？
神が本当の所有者だからな
そして果実は、その地の貧しき者のために残しておけ

ヨベルの年に関する律法

50年ごとにヨベルの年を宣言せよ。その年には、すべての土地はもとの所有者に戻される
どうやって？　神ご自身がヘブライ人に約束の土地をお与えになったのに
ヨベルの年だ！
すばらしい土地だ！
また全部やり直せる

このヨベルの年には、すべてのユダヤ人奴隷は解放されなければならない
もうすぐその日がやって来る
どうすればいいんだ？神が本当の主人だから！

私的財産は、注意深く管理されていれば、ユダヤ法により認められ、保護されている。

〝すべての土地は私のものだ〟

〝お前は私の客に過ぎない〟

同様に、社会的階層はユダヤ教では受け入れられているが制限されている。

〝なぜならイスラエルは私のしもべだから〟

道徳的な行い　と　国家主権

の関係は近代的な用語にすると

倫理　と　政治

の関係となる。

ユダヤ教の伝承によると、この分離は厳密なものではない。
質問：ここに近代イスラエルの民主的構造の根源を見出せるのであろうか？

いずれにせよ、土地の有効な所有が条件付きであっても、**ユダヤ人と彼らの土地の結びつきは永遠であって、歴史の流れの中で弱まることはなかった。**

パレスチナの土地には常にユダヤ人の存在があった。

シャブタイ・ツヴィ（31ページ参照）は、聖なる土地への帰還を訴えて、ユダヤ人大衆の精神を高揚させた。

我々の時代において、イスラエル国家(1948)は世界中のユダヤ人を団結させる役目を果たしている。

テオドール・ヘルツル（1860-1904）政治的シオニズムの創始者

〝地のエルサレム〟という言葉の象徴的な意味が焦点となっている。
〝地のエルサレムを打ち立てるまで、天においてエルサレムを成し遂げることはできない〟

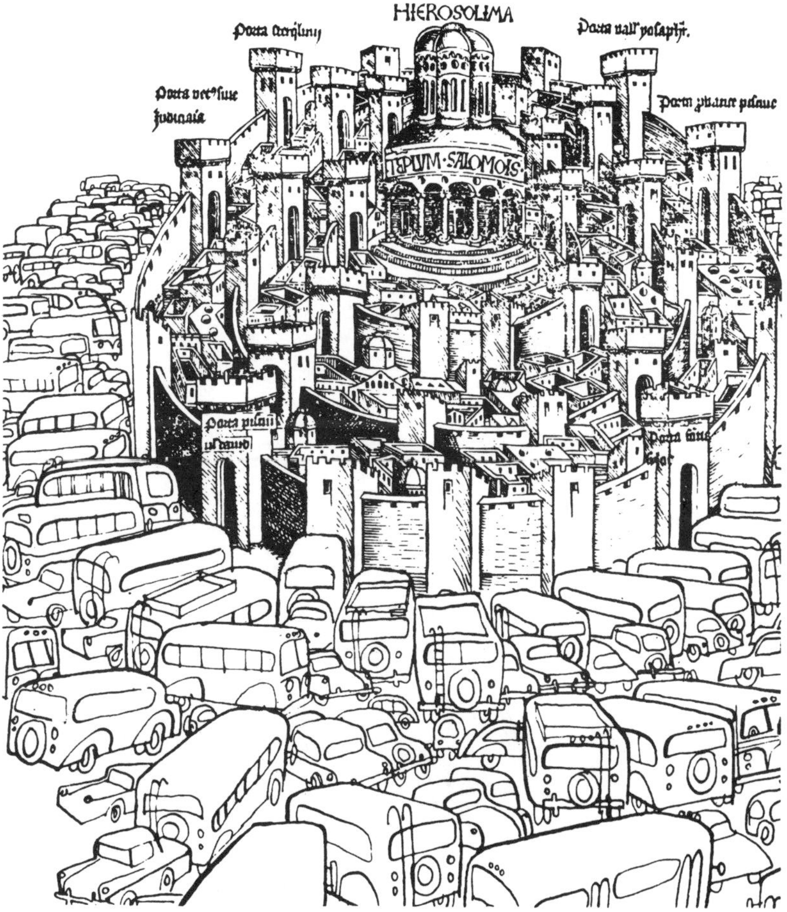

Drawing by Shmuel Katz.

イスラエルの苦しみ

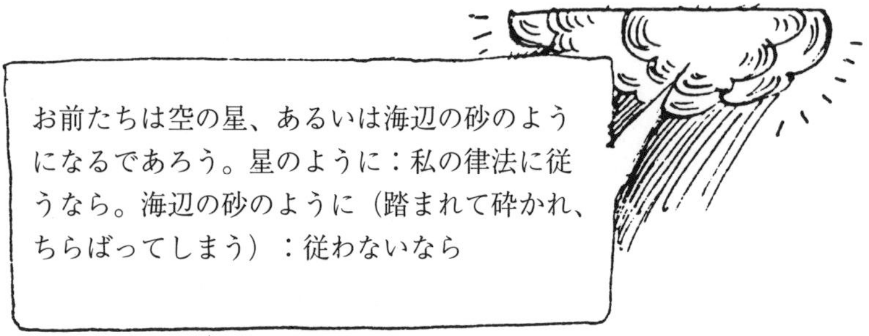
お前たちは空の星、あるいは海辺の砂のようになるであろう。星のように：私の律法に従うなら。海辺の砂のように（踏まれて砕かれ、ちらばってしまう）：従わないなら

しかしイスラエルの受けた罰は、その犯した罪とつりあっていない！

実際のところ、〝神の花嫁〟であるイスラエルに課された試練は、その背信行為とはつりあいがとれないほど厳しいものだと、注釈されている。

ソ連の反ユダヤ主義
全世界のユダヤ人の3分の1がナチスによって殺された
十字軍によるユダヤ人虐殺
中世における西ヨーロッパからのユダヤ人の追放
1648年のポーランドでのポグロム、10万人から30万人が死亡

そしてユダヤ教の伝承では……

イスラエルの敵の標的は、神そのものとその律法

……これが反ユダヤ主義の起源である。

律法とはすなわち、ユダヤ人にゆだねられている価値のシステム

歴代の征服者は単なる神の道具である。これは彼らに罪がないということではない。その反対である。

彼らもまた他の人間と同じく自由意志を与えられているのだから、その行為には責任を持たねばならない。それゆえ、神に罰せられた。

神が不滅であるのと同じく、イスラエルも破壊される事はない。従って、地上のすべての国々は、イスラエルの運命には神が介入する事を知るであろう。

神は彼の民が滅ぶことを認めるかもしれないが、再び灰の中から人々はよみがえる。
しかし、1939年から45年にかけての虐殺は、現代のユダヤ人思想家に**困難な問題**を課すことになった。

〝わが主である神に祝福あれ！〟
しかし、なぜ神を祝福せねばならないのだ？
何千人もの子供たちが焼かれるのを許したからか？
そして六つの火葬場に火をくべたからか？
SZLAKMANN
エリー・ウィーゼル『夜』

救世主の時代

他の宗教は過去に黄金時代を求めるのに対し、ユダヤ教は、自らとすべての人類のために**よりよい未来**に希望を抱いている。

お父さん、救世主の時代は遠いの？
希望を持って歩き続けるんだ！
メシアの時代

ユダヤ暦では、一日は日没とともに始まる。夜の闇の後には朝の光がやって来る。

どうやって救世主の時代が到来したことを知るのか？

◇ **救世主は地上にやって来る。**

それは人間で

神ご自身によって選ばれた

ダビデの子孫

◇ **彼は永遠の平和を世界にもたらす。**

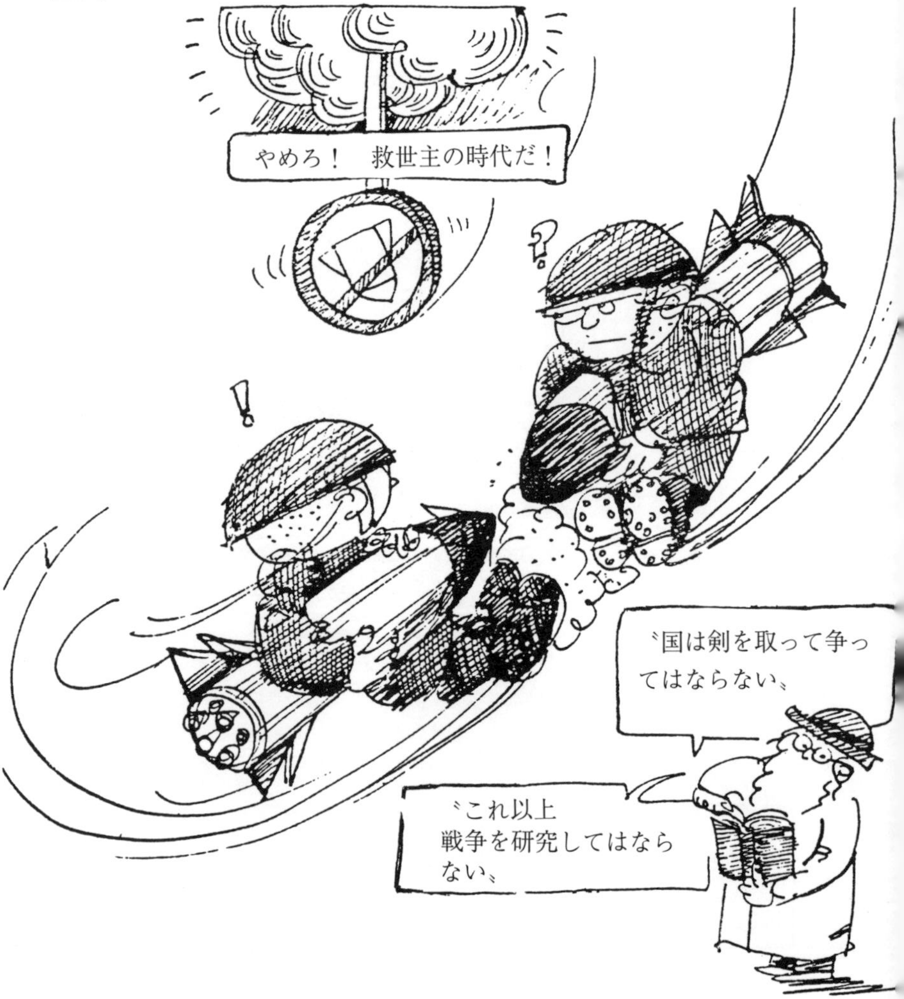
やめろ！　救世主の時代だ！
〝国は剣を取って争ってはならない〟
〝これ以上戦争を研究してはならない〟

〝そして剣を鋤に替え、槍を鎌に替えなければならない〟
ユダヤ教の伝承は、非常に平和を重んじる
平和（シャローム）は、主自身の名前の一つなのだ！
神殿の祭壇の石は、鉄製であってはならない。(鉄＝戦争の道具)

しかしユダヤ教は、平和主義や非暴力は好まず、**自衛権を認めている**（これはラビの書物に明快に書かれている）。そして平和は、重大な不正を許して成し遂げられることはないと主張している。

救世主の時代には、地上の平和に加えて、すべての人類に豊富な物質的な富がもたらされる。

ユダヤ教の伝承によると、人類は大洪水の前のように菜食主義に立ち返るんだ

救世主の時代が始まれば、神はユダヤ人の放浪期間の幕を閉じる。

すべてのイスラエルはテシュバ（帰還）を行う。

実際のところそれは二重の意味での帰還であった。
——**精神的な**意味での帰還：すなわち悔い改め（49ページ参照）。
——**肉体的**な意味での帰還：すなわち聖なる地への帰還。

〝世界のはずれからお前たちすべてを呼び集める。そしてお前自身の土地に戻るのだ〟
〝お前の先祖たちに与えた土地に住むであろう〟
南部のキブツでなく、テルアヴィヴにしてもらえるかしら

イスラエル国家の再建は、多くの現代の注解者から救世主の時代の前兆であるとされた。

世界はついに神の存在を認め、その支配を受け入れるだろう。

〝私の聖なる山では悪事も暴力も起こらない。なぜならこの地は神の知識で満ち溢れるから〟

国々はイスラエルと和解するであろう
イスラエルはいつの時代も神の言葉を伝える者だった
そしてエルサレムは人類の精神的中心となる。
私の家は〝すべての国々の祈る人の家〟と呼ばれるであろう

◇ **しかし救世主はいつ到来するのか？**
この問いについて憶測することは勧められない。しかし……

1週間は6日間のあと、7日目のシャバットにおいて最高潮に達するのだ
そうすると……
世界は6000年続いて
7回目のミレニアムは、人類にとってのシャバット、すなわち救世主の時代なのだ！

ユダヤ暦によると、我々は6回目のミレニアムの終わりに差しかかっている
すると我々は救世主の時代の前夜にいるわけだ！

〝悔い改めはすばらしい。それにより解放がもたらされる〟
その正確な日付は……

〝もしお前たちがふさわしければ、そのときが来るのを早めよう。もしそうでなければ、しかるべきときにやって来る〟

救世主の時代に到るにはたくさんの道がある。そして、ユダヤ教の救世主思想は、組織化されたイデオロギー的帝国主義の考えとは何の関係もない。

まず何よりも、完全に道徳的であらねばならない
俺にどうしろというんだ？

伝承によれば、救世主の時代に到る前に〝産みの苦しみ〟として**多くの災害がもたらされる。**

救世主の時代は超自然的なものではない。〝救世主の時代においても、宇宙はこれまでと同じ法則によって動いていく〟と言われているように。

そして救世主の時代の後には？

何人かの賢者によれば、そのとき**〝死者がよみがえる〟**。

〝全能の神は次のように言われた：私はお前たちに命を吹き込もう。お前たちはよみがえるのだ〟

さらにその後は？

解放後：ユダヤ人の多様性と統一性

オランダを例外として、18世紀中頃までのユダヤ人コミュニティは次のようだった。

法律による分離：ユダヤ人は特定の職業に就くよう定められていた。そしてユダヤ人は特定の隔離された地域のみに住むよう強制された。

内部における自治：司法、行政、教育はラビの権威の下に行われた。

〝啓蒙の時代〟の勝利、そしてフランス革命の開始により、**ユダヤ人には市民権と平等の権利が与えられた**。これはユダヤ人が住んでいる社会における人種差別撤廃の幕開けとなった。**これが解放である。**

自らの意見によって、たとえそれが宗教的なものであっても、誰も罰せられてはいけないわ！

人種差別撤廃はユダヤ人世界の党派が成長することで根気よく求められていった。

近代科学、ビジネスの世界、自由、すべて私のものだ！
ゲットー
迫害に終止符を！
国民議会は、ユダヤ人に関する制限と例外的扱いをすべて廃止する（1791年フランス）

フランス革命の勝利で、このプロセスはヨーロッパ全土へと拡大していった。19世紀末には、ロシア帝国を除いた、ヨーロッパ中のユダヤ人は、平等な権利を与えられた。

20世紀初めには、ポーランドとロシアを除いて、ユダヤ人は自らの生活を自由に選べるようになり、ラビの権威や国家による制限に従う必要はなくなった。この状況に対して次のようなさまざまな思想が現れた。

科学技術万歳！
反ユダヤ主義に終止符を……
一体どのようにして
我々はユダヤ人のアイデンティティを保てばいいのだろう？

正統派からは四つの主要な運動が生まれた。
改革運動
シオニズム
社会主義
同化主義

改革運動：
ユダヤ教と近代社会を調和すべく生まれた改革運動の極端な意見は、**居住している国の市民権のためには、ユダヤ民族主義を捨て去るべし**、とした（このようにして国民国家の集権的イデオロギーに応答しているといえる）。

民族としてのユダヤ人に対するすべては否定されるべきだ
そして、個人としてのユダヤ人にすべてを与えるべきだ
下層民として扱われなくなったとたんに
ユダヤ民族
イスラエルの地
ヘブライ語
…ユダヤ人はそもそも孤立の原因だった慣習をやめてしまった

つまり、もはや離散した民族ではないということ
単なる宗教的な信念にするんだ！
つまり僕はユダヤ教の信徒である市民というわけだ

ユダヤ教の信仰を持った市民という考えは1939年まで、主に西ヨーロッパで発展した。改革運動はユダヤ教の実践に関して新しい提案をした。ヘブライ語を捨てて、典礼にオルガンを導入し、シャバットを日曜日にするなど。

ユダヤ人コミュニティの中には（特にフランス、ドイツでは）この新しい考え方に熱狂し、**極端な愛国主義に走る者**もいた。

親愛なるヤコブ君、近代的市民になろうじゃないか
親愛なるイサク君、非の打ち所がない立派な市民でありましょう
ユダヤ人の団結だ！
フランスは常に神に選ばれた国だ！
いやいや、親愛なるイサク君、神は我がドイツと共にある!
戦争好きのユダヤ人め！

解放により、ユダヤ人の文化的および科学的な活動は極めて活発になった。そこに、より伝統的なユダヤ教の影響をみる歴史家もいる。

夢の解釈は、無意識の知識へと到る道である
説明されてない夢は読まれていない手紙と同じだ（タルムード）
フロイトおじさん

なぜだ
なのだ
K
C.S.
なにゆえ私を
迫害するのだ
(ヨブ 記)
カフカおじさん

シオニズム
シオニズム運動のすべての派閥に共通の定義は、次のようなものだ。
ユダヤ人が、イスラエルの地においてユダヤ人国家を持つ事は、ユダヤ人の**権利**であり、**必要**な事である。
権利：ローマ人によってその土地から追われたので、その場所へ戻るだけである。
必要性：反ユダヤ主義を終わらせる唯一の解決法は、ユダヤ人固有の領土において主権を有する国家を持つ事だ。

ナショナリズムから生まれて、シオニズムはユダヤ教からは独立したユダヤ国家というアイデアを提出した。

シャバットをお与えになったのは私たちに対してだけ
それは全部昔のことだ。僕らは他の民族と変わりはない……
それにどうして自分たちの国家を持たなければならないの？

シオニズム運動とは結局のところ、**近代への屈服とユダヤ教の伝承への忠誠**のあいだの弁証法である。

近代への屈服

俺たちは宗教的伝統に反抗してるんだ。自暴自棄でひたすら受け身なだけだからな
しかし、我々は救世主が来るのを待ち望んでいる！
ユダヤ人はどうなってしまったんだ
モイシェよ、どうしてトーラの勉強をやめてしまったんだ
俺たちの再生への希望は肉体労働によってのみ得られるんだ！

ついに、最初のユダヤ人監獄の、最初のユダヤ人の犯罪者だ
我々は神聖な民族のはずなのに！

うーん！　イスラエルの娘が半ズボンをはいてる！
私たちは普通の人になりたいの！トーラの律法は、昔は正しかったわ。でも進歩しなくちゃ

しかしユダヤ教の伝承に深く根ざした側面もある。

──イスラエルの地への愛着：シオニスト運動は、非宗教的なものであったが、ウガンダに国家を建設するというイギリスの提案を拒否した。
──聖書、ユダヤ人の歴史、ユダヤ教の祭りへの傾倒。
──日常言語としてのヘブライ語の驚異的復活。

シオニズムは二つの起源を持っている。最初のものは根源的でかつ不合理だ。それは救世主への信仰だ。（イスラエル初代首相デヴィッド・ベン・グリオン）

◇ ユダヤ人と革命運動！
（捨てられた恋人の恨み）

サン・シモンを除く最初の〝空想社会主義者〟たちは、マルクス自身を含めて、反ユダヤ主義を公言していた。

カネはイスラエルの嫉妬深い神様だ、などなど
（カール・マルクス『ユダヤ人問題に寄せて』）

19世紀末には、ユダヤ人は社会主義運動の中で活動家からリーダーになっていき、このような見解は捨てられることになる。

1. ツァー（ロシア皇帝）の支配下では……

ツァーの警察が、ポグロムを行おうとたくらんでる！
僕らをゲットーに追いやろうとしている！
大学も閉鎖された
政府を倒して反ユダヤ主義を終わらせなければ
そして貧困にも終止符を！

2．19世紀半ばの西ヨーロッパ（ドイツ、フランス、オーストリア）では、ユダヤ人への憎悪は右翼的ナショナリズムの主要な部分となっていた。それゆえ、ユダヤ人は逆の方向へ向かうこととなる。

3．さらに……

革命運動は、正統派ユダヤ教に違和感を感じていたユダヤ人たちに、社会参画への道をひらいた。
インターナショナルは人類を団結させる
ついに！
この僕を受け入れてくれる

それは、私にとってよいものにはならなかった
なんて人生だ！
C.S.
トロツキー
TROTSKY

多くのユダヤ人は、父祖の伝統と革命のメッセージの間に関連を見出せると考えた。

正義、平和、パンそして
大地
レーニン
1917
救世主だ！
タルムードの研究はやめて、ひげをそり落として、赤軍に入ろう

革命運動の中にはユダヤ人の子弟がいた。ローザ・ルクセンブルク、トロツキー、ジノヴィエフ、ベーラ・クンなどなど。

革命運動へのユダヤ人の参加は数世代続いた。

しかし、ソ連の狂信的な反ユダヤ主義と徹底した反イスラエル政策は、この幻想に終止符を打った。

◇ ブント（ポーランドユダヤ人労働者同盟）

19世紀末に結成され、帝政ロシアとポーランドで、1939年まで存続した。これは社会民主主義に向けた**ユダヤ人独特**の運動であった。

ユダヤ人労働者とポーランド人労働者を分離するシオニズムはいかん！　ユダヤ人プロレタリアートを隷属状態に置く、ラビによるユダヤ教正統派もだめだ！　国家主義者と教会組織のユダヤ人ブルジョアジーの言語たるヘブライ語を廃止せよ。
何が君をユダヤ人にするんだい？

我々は、ユダヤ人プロレタリアートの言語であるイディッシュ語を促進しなければならない
我々は、組合、学校、幼稚園などでのユダヤ的生活を発展させなければならない！
我々は完全な文化的自立を維持する！

1939年まで極めて強力な組織であったブントは抹殺された。

今日では、わずかな生存者と知識人がその記憶を伝えるのみである。

20世紀はさまざまな反ユダヤ主義が猛威を振るった。

人種的反ユダヤ主義

中世には、ユダヤ人の拒否は宗教的確信と関連していた。スペイン以外では、一般的に、キリスト教への改宗により安全は保障された。

解放とともに、ユダヤ人はその宗教的確信にかかわらず、市民権を与えられた。ここで〝人種〟に基礎をおいた新たな反ユダヤ主義が登場する。

奴らは洗礼したかもしれない。しかし人種的特徴は消し去る事ができない。

19世紀から、人種的な反ユダヤ主義は、萌芽期のナショナリズムと社会主義の強力な道具となった。

フランス軍のユダヤ人将校に関するドレフュス事件(1894)では……

とんでもない嫌疑だ
…ドイツのスパイだなんて
お前は軍隊を破壊したいのだ
軍国主義者め。ブルジョアの戦争屋が！

この新しい反ユダヤ主義は、解放によって新たに獲得されたユダヤ人の地位を否定するものだった。

しかしジョレスやゾラの尽力でドレフュス事件後、社会主義運動は反ユダヤ主義を捨て去り、差別への闘いの一翼を担う。

◇ この事件の後、宗教とは関係なく、ナショナリズム運動はユダヤ人への憎悪を、自らのイデオロギーの重要な要素とした。

ユダヤ人種はドイツ国家の統合を妨げる原因だ

ナチスはこのような運動の頂点をなす。

——〝左翼〟の反ユダヤ主義

：〝ユダヤ的資本主義〟に反対する。

——〝右翼〟の反ユダヤ主義

：〝ユダヤボルシェヴィスム〟に反対する。

——人種主義とナショナリズム

：〝アーリア〟人種からの〝ユダヤ〟人種の分離。

ナチスは、ヨーロッパのユダヤ人をほぼ絶滅させた。正統派か無信仰か、右翼か左翼か、シオニストか同化論者か、親か子かの区別なく……。

	1939	1945
ポーランド	3,000,000	120,000
ソ連	3,500,000	2,500,000
ドイツ	500,000	20,000
フランス	300,000	175,000
ギリシア	75,000	7,500
ルーマニア	1,000,000	320,000
チェコスロヴァキア	360,000	40,000
ユーゴスラヴィアなど	75,000	7,500

＊（統計はシーセル・ロス『ユダヤ人の歴史』(1980) より）

ブルガリアとデンマークのユダヤ人のみが、両国の勇気により救われた。

ソ連の反ユダヤ主義

スターリン以降のソヴィエト連邦は、反ユダヤ主義を政策として持つ数少ない国家の一つであった。
――イスラエルへの移民の禁止。
――ヘブライ語、ユダヤ教の伝承を教授することを禁止。
――大学と職業に関する割り当て制度。
――反ユダヤ主義のマスコミキャンペーン。

この問題に関しては帝政ロシアの伝統を引き継ぐのだ……
割り当て制度
ゲットー
警察組織
悪意のプロパガンダ
などなど

アラブ・イスラエルの紛争

本質的には政治的な争いであり、妥協の余地がないものではない(エジプトとイスラエルの間の和平条約が示している)。

◇ そして今日では？

ユダヤ世界は根本的に変化している。
その人口分布は重心を移している。
ユダヤ人の二大中心地はイスラエルとアメリカ合衆国である。

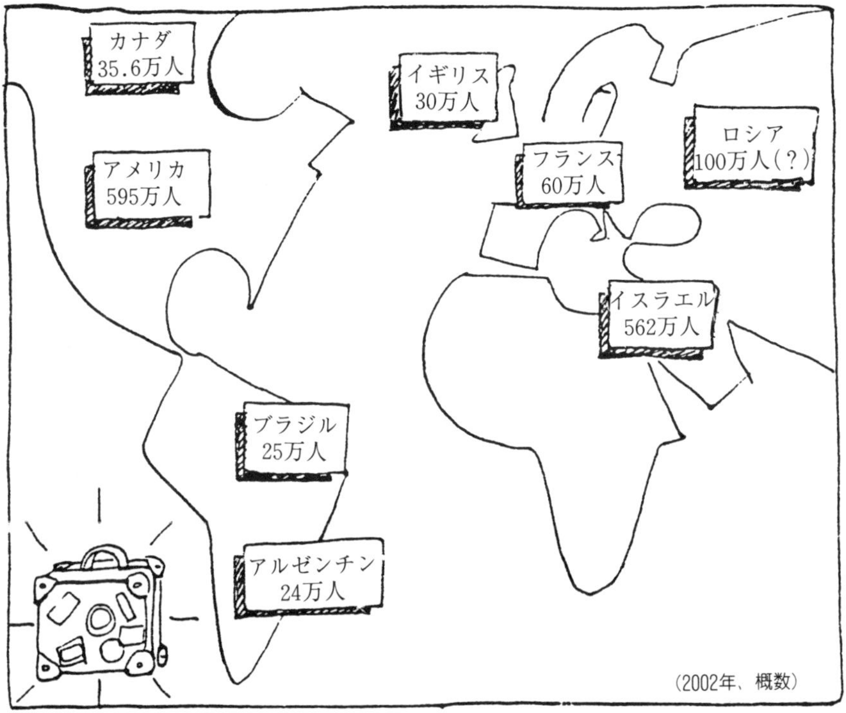

カナダ
35.6万人
アメリカ
595万人
イギリス
30万人
フランス
60万人
ロシア
100万人（？）
イスラエル
562万人
ブラジル
25万人
アルゼンチン
24万人
(2002年、概数)

数年間の間に、ユダヤ人は古代以来最も衝撃的な二つの出来事を経験した（歴史は加速しているのだろうか？）。
——ホロコースト

これは解放以来もてあそばれてきた楽観的な幻想を打ち砕いた。

——イスラエル国家の創設

ユダヤ人の状況を転換し、未来への新たな自信を与えた。

ユダヤ人であるには、多くのあり方がある。

受動的
左翼！
教会
トーラに帰れ
アシュケナージ？
スファルディ？
シオンに帰れ！
いや、
ここに残る！
分離主義者！
同化主義者！

しかしこのような事態は、団結の心をゆるがせるものではない。

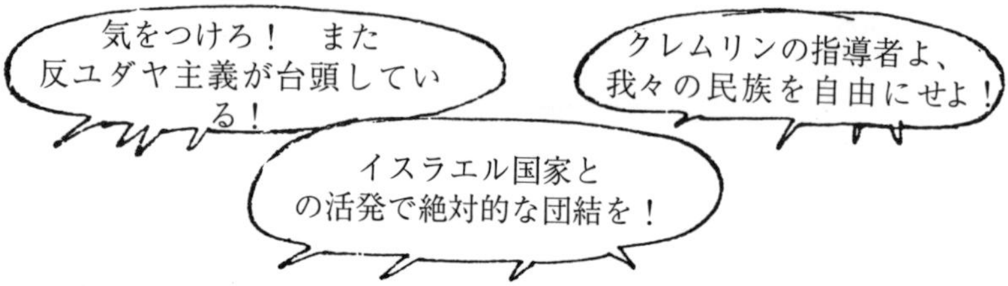
気をつけろ！　また
反ユダヤ主義が台頭してい
る！
クレムリンの指導者よ、
我々の民族を自由にせよ！
イスラエル国家と
の活発で絶対的な団結を！

そして、あらゆるやり方でユダヤ教の伝統に帰ろうとする動きがある。

そうだ
トーラ

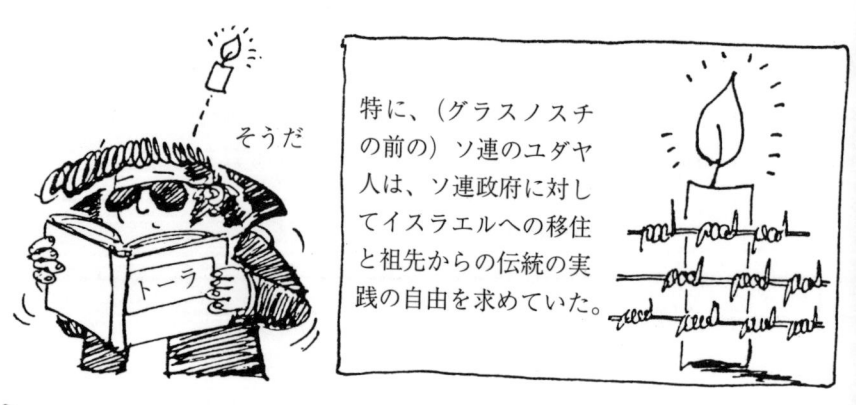

特に、（グラスノスチの前の）ソ連のユダヤ人は、ソ連政府に対してイスラエルへの移住と祖先からの伝統の実践の自由を求めていた。

訳　中道久純（なかみちひさずみ）
大学教員・中東問題研究家

FOR BEGINNERS シリーズ
⑩ユダヤ教

2006年6月25日　第1版第1刷発行

文・イラスト
チャーレス・スズラックマン
訳・中道久純
装幀・市村繁和

発行所　株式会社現代書館
発行者・菊地泰博
東京都千代田区飯田橋3—2—5
郵便番号 102-0072
電話(03)3221-1321
FAX(03)3262-5906
振替00120-3-83725
http://www.gendaishokan.co.jp/

写植・太平社
印刷・東光印刷所／平河工業社
製本・越後堂製本

制作協力　岩田純子

定価はカバーに表示してあります。
落丁・乱丁本はおとりかえいたします。
ISBN4-7684-0100-7

FOR BEGINNERS シリーズ

歴史上の人物、事件等を文とイラストで表現した「見る思想書」。世界各国で好評を博している
ものを、日本では小社が版権を獲得し、独自に日本版オリジナルも刊行しているものです。

①フロイト
②アインシュタイン
③マルクス
④反原発*
⑤レーニン*
⑥毛沢東*
⑦トロツキー*
⑧戸　籍
⑨資本主義*
⑩吉田松陰*
⑪日本の仏教
⑫全学連
⑬ダーウィン
⑭エコロジー*
⑮憲　法
⑯マイコン*
⑰資本論
⑱七大経済学
⑲食　糧
⑳天皇制
㉑生命操作
㉒般若心経
㉓自然食*
㉔教科書
㉕近代女性史
㉖冤罪・狭山事件*
㉗民　法
㉘日本の警察
㉙エントロピー
㉚インスタントアート
㉛大杉栄*
㉜吉本隆明
㉝家　族
㉞フランス革命
㉟三島由紀夫
㊱イスラム教
㊲チャップリン
㊳差　別
㊴アナキズム*
㊵柳田国男
㊶非暴力
㊷右　翼
㊸性
㊹地方自治
㊺太宰治
㊻エイズ
㊼ニーチェ
㊽新宗教
㊾観音経
㊿日本の権力
(51)芥川龍之介
(52)ライヒ
(53)ヤクザ
(54)精神医療
(55)部落差別と人権
(56)死　刑
(57)ガイア
(58)刑　法
(59)コロンブス
(60)総覧・地球環境
(61)宮沢賢治
(62)地　図
(63)歎異抄
(64)マルコムX
(65)ユング
(66)日本の軍隊(上巻)
(67)日本の軍隊(下巻)
(68)マフィア
(69)宝　塚
(70)ドラッグ
(71)にっぽん NIPPON
(72)占星術
(73)障害者
(74)花岡事件
(75)本居宣長
(76)黒澤　明
(77)ヘーゲル
(78)東洋思想
(79)現代資本主義
(80)経済学入門
(81)ラカン
(82)部落差別と人権Ⅱ
(83)ブレヒト
(84)レヴィ-ストロース
(85)フーコー
(86)カント
(87)ハイデガー
(88)スピルバーグ
(89)記号論
(90)数学
(91)西田幾多郎
(92)部落差別と宗教
(93)司馬遼太郎と「坂の上の雲」
(94)六大学野球
(95)神道(ShintoIsm)
(96)新選組
(97)チョムスキー
(98)ヤマトタケル
(99)住基ネットと人権
(100)ユダヤ教

＊は在庫僅少